EWE Ô!

coleção orixás

OSSAIM

"O SENHOR DAS FOLHAS"

Rogério Athayde

PALLAS

Editoras
Cristina Fernandes Warth
Mariana Warth

Coordenador editorial
Daniel Viana

Assistente editorial
Joelma Santos

Concepção gráfica de capa, miolo e ilustrações
Luciana Justiniani

Preparação de texto
Felipe Machado

Revisão
Débora Spanamberg Wink
Joelma Santos

Este livro segue as regras do Novo Acordo Ortográfico da Língua Portuguesa.

Fonte *Gill Sans MT, Eidetic New OT* e *Newfoundland*
Papel *offset 75g/m²*
Impressão *Gráfica Reproset, outubro de 2025*
1ª edição

DADOS INTERNACIONAIS DE CATALOGAÇÃO NA PUBLICAÇÃO (CIP)
(CÂMARA BRASILEIRA DO LIVRO, SP, BRASIL)

Athayde, Rogério
Ossaim : o senhor das folhas / Rogério Athayde. -- 1. ed. -- Rio de Janeiro : Pallas Editora, 2025. -- (Coleção orixás ; 13)

ISBN 978-65-5602-185-0

1. Candomblé (Culto) 2. Orixás 3. Ossaim (Culto) 4. Ossaim (Orixá) 5. Umbanda I. Título II. Série.

25-305016.0 CDD-299.6

Índices para catálogo sistemático:
1. Orixás : Culto : Religiões de origem africana 299.6
Maria Alice Ferreira - Bibliotecária - CRB-8/7964

Pallas Editora e Distribuidora Ltda.
Rua Frederico de Albuquerque, 56 – Higienópolis
21050-840 – Rio de Janeiro – RJ
Tel.: (21) 2270-0186
E-mail: pallas@pallaseditora.com.br
www.pallaseditora.com.br

O homem que diz dou, não dá
Porque quem dá mesmo não diz.
O homem que diz vou, não vai
Porque quando foi já não quis.
O homem que diz sou, não é
Porque quem é mesmo é não sou.
O homem que diz 'tô, não 'tá
Porque ninguém 'tá quando quer.

Coitado do homem que cai
No canto de Ossanha traidor.
Coitado do homem que vai
Atrás de mandinga de amor.
("Canto de Ossanha", Vinicius de Moraes, 1966)

Para Clara
Para Sempre

OSSAIM E O GALHO DE SUA ÁRVORE (OU SUMÁRIO)

Para na mata entrar (ou Introdução)

Um pedaço de fumo. Três moedas de valor. Um gole de aguardente. Com licença. Quatro gomos do fruto amargo e uns grãos de pimenta. Para frente, para os lados, para trás. Com licença.

É comum escrever as introduções depois que os livros estão prontos. Mas esse não é o caso aqui e o leitor logo saberá por quê.

Quando falamos dos deuses antigos, devemos ter cuidado. Eles são caprichosos, querem nosso respeito, nossa reverência. Alguns de nós, desavisados, podem tomar isso como um mau sinal, podem pensar que eles são entidades malignas, dispostas a trazer desespero e morte aos humanos. Isso não é verdade. Os deuses antigos são forças da natureza. E a natureza é grande demais. O mar é grande demais. A montanha é grande demais. A tempestade é grande demais. A floresta é grande demais. Grandes demais porque somos pequenos na comparação. E somos pequenos demais. Então, quando o mar agita, podemos morrer; quando a terra treme, podemos morrer; quando a tempestade sopra, podemos morrer; e quando a floresta chama... Você já entendeu. Em nenhum desses casos haverá maldade. É só uma questão de escala e proporção.

Os deuses antigos estão em toda parte. E se mostram a nós todo o tempo. Basta querer olhar em seus olhos de fogo, água e folha. Estão aqui mesmo, agora, enquanto escrevo estas palavras no papel. Eles estão no carvão do meu lápis, estão na folha em que rabisco e na mesa em que me apoio. Estão no ar que respiro, nos sons que ouço, no chão que piso, no mundo inteiro que vejo bem diante de meus olhos. Eles estão em minha cabeça, no meu corpo, nos meus ouvidos, dedos, mãos, pés e órgãos. Os deuses antigos são nossa natureza. Por isso é correto dizer que pertencemos a eles e que eles são também nosso pertencimento.

O povo Iorubá veio da África Ocidental. Atravessou o Atlântico sem desejar. Veio em diáspora. Veio com a maldade da escravidão e do comércio de pessoas. Essa é a maldade. E ela é humana. O povo Iorubá trouxe seus deuses antigos. Há quanto tempo eles existem? Isso não dá pra saber. Eles são deuses mais antigos que todos os outros deuses antigos? Isso não interessa saber. O que importa é lembrar que esses deuses estão aqui, conosco, como parte de nós. Porque diáspora quer dizer exílio e separação. Mas diáspora é semeadura também.

O povo Iorubá e os descendentes que eles vêm deixando em todo canto acreditam em deuses que são a própria realidade das coisas do mundo. Aquele tempo, então, da antiguidade dos deuses, esse tempo não se conta. E cada uma dessas divindades tem seu governo e sua casa. Por exemplo: Exu é senhor do movimento e do dinamismo, o eterno brotamento. Nada que existe é estático. A própria existência é movimento. Por isso, quem acredita em Exu sabe que a vida não para de inventar coisas novas e que é preciso aprender sempre, se adaptar, se mexer. Iemanjá é dona das águas salgadas. E toda a vida vem do mar. Da primeira bactéria às criaturas mais complexas, todos somos filhos de Iemanjá de alguma maneira. Ela é a mãe muito grande. Então, quem acredita em Iemanjá, sabe que é preciso cuidar, educar, acompanhar o crescimento daqueles que amamos. Oyá, por sua vez, é a tempestade, o vento incontrolado, o rio que transborda e o búfalo furioso matador de leões. Oyá nunca está calma. Assim, para aqueles de nós que conhecem Oyá, é recomendado ter serenidade e brandura, sem nunca recusar a força que existe bem embaixo de nossa pele. Cada um desses deuses tem seu governo, tem sua casa. Este livro vai falar de um desses deuses antigos, de sua governança e morada. Seu nome é Ossaim.

Se Exu é o movimento, Iemanjá é o mar, e Oyá, a tempestade, Ossaim é o mato. A casa de Ossaim é a floresta. O governo de Ossaim é a folha e a árvore. Ele também é dono dos bichos que vivem lá dentro, da sombra que esconde, do eco que confunde, do silêncio que apavora. Ossaim é patrono da medicina feita com as folhas; dos feitiços que entorpecem, enlouquecem e matam com as folhas; das cerimônias que só podem começar havendo folhas. Toda folha e toda sabedoria da folha, a que cura por remédio, a que fere por veneno, a que consagra pela fé, todas pertencem a Ossaim. Todas são Ossaim.

Ossaim é folha. Mas, apesar de ser essa a *natureza* de Ossaim, este não será um livro sobre folhas. Gente graúda, com anos e anos de pesquisa, já publicou excelente material sobre as folhas, seus usos medicinais e mágicos. O que é muito, muito importante, sem dúvida. Mas não é o que pretendo fazer aqui. Este será um livro sobre Ossaim, o que sabemos ou não sobre ele, o que dizem dele, as confusões feitas com seu nome, suas coisas e suas histórias. Isso já me dará bastante trabalho.

Por fim, se o leitor distraído não percebeu, digo agora com clareza: esta introdução é um pedido de licença a Ossaim – é claro – e a todos os deuses antigos também. Tenho medo de falar deles. Por esse motivo, escrevi estas primeiras linhas antes dos capítulos que irão compor o livro. Veja... a tolice não é minha companheira. Sei bem que escrever sobre um orixá é como fazer uma grande oferenda, um *ebó*. Então espero, sinceramente, que seja bem-aceito meu sacrifício, que traga boa saúde, longevidade, prosperidade, felicidade, inteligência, conhecimento e sabedoria para mim, para aqueles a quem amo e para você também, leitor querido, que vai andando ao meu lado.

Espera! Você está ouvindo? É um assovio de dentro da mata. Já posso entrar. Já podemos entrar. Vou cantando pra distrair. Vou cantando pra encantar. Com licença mais uma vez.

Ewe ô!

1 Ossaim e seus nomes

Este livro que o leitor tem em mãos foi todo pensado em torno de um nome: Ossaim. Ou sobre esse nome e, a partir dele, seus desdobramentos semânticos, simbólicos, místicos, religiosos e, quem sabe, outros mais que ainda virão a ser acrescentados. Ele é o título – o que não informa quase nada do que é necessário – e é igualmente o motivo da investigação de seus possíveis significados. É preciso esclarecer que conhecer o nome que têm as coisas e os personagens revela algo sobre eles; mas nunca tudo. Conhecer o nome é ter diante de si um primeiro indício, uma evidência, que aponta com ímpeto para outras perguntas, mais ainda do que para as pretendidas respostas. Alguns acharão nisso motivo para a incerteza e a angústia. Mas, na verdade, é uma boa razão de entusiasmo. E de alegria também.

Então, nos preparamos para fazer as primeiras perguntas sobre o tema que nos interessa aqui: Pode um mesmo nome ser pronunciado de diversas maneiras, mantendo ou modulando assim seus significados? Ou, ainda, a maneira como um nome foi anotado no papel – sendo aqui desimportante pensar se foi correto ou não seu registro – pode impactar os significados que damos a ele? E se esses mesmos significados implicarem mudanças consideráveis que apontam para o próprio nome, alterando e ampliando seu sentido primitivo?

A resposta para essas perguntas parece ser simples: é claro que sim. A norma culta chama essas palavras de **homônimos** (do grego, *homo*, igual; *onoma*, nome) **perfeitos**. Aprendemos na escola e esquecemos que têm essa alcunha complicada, mas sabemos exatamente do que se trata. Só para refrescar a memória, vão aí uns exemplos de homônimos perfeitos: *rio*, que é a água doce que corre, e *rio*, que é o verbo "rir" na primeira pessoa do singular do tempo presente (*eu rio*); *são*, que é saudável, e *são*, que é o verbo "ser" na terceira pessoa do plural do tempo presente (*eles são*); *manga*, que é a fruta, que é a barra da camisa e que é ainda a implicância ou deboche do verbo "mangar", usada na terceira pessoa do singular do tempo presente (*ele manga*); *caminho*, que é por onde vamos, e *caminho*, que é o verbo que nos informa que estamos a andar, flexionado na primeira pessoa do singular do tempo presente (*eu caminho*). E por aí seguimos, fazendo brinquedo com as palavras: *livre*, como adjetivo ou verbo; *morro*, como substantivo ou verbo; *cedo*, como verbo ou advérbio; *torta*, como adjetivo ou substantivo. Bem, já deve ser suficiente. Homônimos perfeitos são essas palavras que escrevemos e pronunciamos da mesma maneira, possuindo significados diferentes. Mas isso não é o bastante.

Outros pares de palavras são escritos de igual modo, tendo, porém, pronúncias diferentes; outros têm o mesmo som, mas a grafia é distinta; e ainda existem os pares que são apenas parecidos quando se escrevem e também quando são ouvidos. Em todos os casos, os significados vão variando animadamente, para delícia dos poetas, dos filósofos e dos amantes de trocadilhos. As palavras com a mesma grafia têm o nome de **homógrafas** (do grego, *homo*, igual; *grafos*, escrita. Exemplos: molho/molho; colher/colher; gosto/gosto; força/força); as palavras com a mesma pronúncia são chamadas de **homófonas** (novamente do grego, *homo*, igual; *fonia*, som. Exemplos: *cem/sem*; *cela/sela*; *sesta/sexta*; *seção/secção/sessão/cessão*); e, por fim, aquelas outras que são somente semelhantes na grafia e na pronúncia são chamadas de **parônimas** (ainda do grego, *para*, junto ou próximo; *onoma*, nome. Exemplos: *descrição/discrição*; *eminente/iminente*; *comprimento/cumprimento*). Em todos os casos, palavras com significados diferentes.

O leitor ansioso deve estar se perguntando aonde vamos chegar com essa gramática de botequim improvisada e, aparentemente, fora de hora. Tenha mais um pouquinho de paciência, porque é preciso – e vai aí mais um homônimo perfeito, *preciso*, com seu duplo uso, sendo necessário e correto – trabalhar bem o argumento.

Contei essa história das palavras, ou nomes, que se fazem confundir pelo parentesco que têm por uma razão bem justificada. Quando comecei as pesquisas para escrever este livro, a primeira coisa que me chamou a atenção foi exatamente a grande variedade de grafias do nome Ossaim. É preciso lembrar que é comum encontrar escritas e pronúncias diferentes de uma mesma divindade iorubana. Assim se dá com Exu e E<u>s</u>u, Oxóssi, Ò<u>s</u>òssì e O<u>s</u>oussi, Xangô e <u>S</u>ango, Oxum e Òsum, Iemanjá, Iyemanjá, Yemanjá e Yemonjá... entre outras ocorrências, em que muitas vezes poderíamos simplesmente substituir o *x* pelo s, sem grandes questionamentos a fazer além das adaptações para o nosso vernáculo. Aliás, o próprio nome que se dá a essas divindades também conhece maneiras diversas de escrever, como Orixás, Orisás e Òrìsà. Esse, porém, não é o caso de Ossaim. Entenda o leitor atento que encontrei entre os dicionários especializados, as teses acadêmicas e os muitos clássicos da literatura antropológica 40 formas diferentes de escrever Ossaim. Quarenta! Ou um pouco mais. Isso não é coisa que se despreze. Depois da primeira dezena de formas diferentes de registrar seu nome, concluí que era bem provável ter encontrado um importante **sintoma** sobre a divindade das folhas. Como ensina a filósofa Barbara Cassin (2022, p. 52), isso não poderia ser "efeito do acaso" ou "um simples acidente". E acho que estava em um bom caminho.

Veja, não é meu desejo abusar da paciência de ninguém. Mas não posso deixar de fazer referência às versões que fui encontrando para o nome de Ossaim, seja para a maior justeza do que se vai propondo por aqui, seja para satisfazer o gosto dos curiosos e dos aspirantes às artes da erudição. Então, vamos lá.

Comecei pelo *Dicionário do folclore brasileiro*, de Câmara Cascudo (1988). O pesquisador potiguar foi o primeiro a me prevenir sobre a polissemia (ou melhor, poligrafia) de Ossaim. Para início de conversa, o verbete que dá acesso ao tema é *Ossonhe*. E, a partir dele, aprendemos que Manuel Querino (1938) escrevia dessa mesma maneira, assim como Arthur Ramos (1942), que também usava *Ossonhim*. Mas Cascudo referia-se igualmente a outros usos, como *Oxonhe* e *Oxonhê*. Depois dessa iniciação – posso dizer assim – peguei gosto pela coisa e fui colecionando os diferentes modos de escrever e pronunciar o nome de Ossaim. Jacques Raimundo (1936) escrevia

Oçonhe, Fernando Ortiz (1917) escrevia *Osanhin*, Lídia Cabrera (1990) e Natalia Aróstegui (1995) optaram por *Osain*, enquanto outros pesquisadores e sacerdotes cubanos, como Nicolas Valentin Angarica (1955), Oscar Gonzales [19--] e Guilhermo Castro [19--], preferiam *Ozaín*, *Ozayn* e *Ozain*. *Ozain* também é como os tratados de Ifá que circulam na diáspora latino-americana registram o nome da divindade das folhas sagradas (Irosun Sá, [19--]; Tratado de Ifá, 2002). Edison Carneiro (1978), por sua vez, colocou no papel *Òssãe* e *Ossãe*, parecendo estar mais preocupado com seu uso fonético, seguido mais recentemente por Mario Cesar Barcellos (2019). De maneira similar, Olga Cacciatore (1988) anotou *Ossânhin*, *Ossânhim*, *Ossânin* e *Ossâim*, sendo acompanhada nessa quarta variação por Zeca Ligiéro (2023), Marcelo Barros e Vera de Oxaguiã (Barros, 2009). Ainda com a atenção dada à pronúncia, Sangirardi Jr. (1988) e Raul Lody (2001) apontam *Ossãe* – repetindo Edison Carneiro –, J.J.P. Campos [19--],

Osãny ou *Ossany*; Eduardo Fonseca Jr. (1995), *Osanhyin* e *Ossahim*; e Waldemar Valente (1977), *Ossáin*, como suas referências preferidas. Já o querido Joel Rufino (2006) publicou o livro infantojuvenil *Ossanha*, assim como Vinicius de Moraes e Baden Powell (1966) gravaram o afrossamba feiticeiro do mesmo jeito, "Canto de Ossanha", de 1966. *Ossanha* também é como o *Dicionário Aurélio* escreve, acrescentando as variações *Ossanhe* e *Oçãnhim* (Holanda, 1986). Ainda com os dicionários, encontramos o Michaelis surpreendendo com as curiosas versões em cedilhas: *Oçãnhin*, *Oçãe*, *Oçãim*, *Oçanha*, *Oçanhe* e *Oçânin* (Michaelis, 1992). E não param por aí as modulações.

É curioso notar uma certa semelhança de notações feitas por pesquisadores africanos ou africanistas em torno do nome de Ossaim. Veja, *Ọ̀sányìn* era como Pierre Verger (1995, 2000, 2002) escrevia, sendo acompanhado de muito perto por Adéwálé-Somadhi (2001), Awolalu (2001), Juana Elbein dos Santos (1986) e Simpson

(1980), que apontavam *Ò̲sanyìn*, apenas sem o acento na letra "a". Mais recentemente, José Beniste (2014) repete a grafia usada por Verger em seu dicionário, seguido por Alzení de Freitas Tomáz (2019) e por Nicholaj de Mattos Frisvold (2022). Mãe Stella de Oxóssi (Santos, 2014), uma das lalorixás brasileiras mais importantes dos últimos anos, defensora de uma certa "pureza" iorubana dos cultos e percepções acerca dos orixás, escrevia *Ò̲só̲nyìn*, da mesma maneira que o fizeram Arno Vogel, Marco Antônio da Silva Mello e José Flávio Pessoa de Barros (1993). O antropólogo norte-americano William Bascom (1969) indicava *O̲sanyin*; o babalawo e pesquisador nigeriano Ògúnjimi escreve *Òsonyín* (Aderonmu, 2015), enquanto o escritor judeu-alemão Ulli Beier (1980) anotava *Osanyin*, sem qualquer sinal diacrítico. Roger Bastide (1961), por sua vez, mencionando a obra de Leo Frobenius, dizia que o etnólogo alemão grafava *Osseni*. Pierre Verger também registrou o nome de Ossaim de outras maneiras: usou *Ossain*, sendo seguido baianamente por Elyette Guimarães de Magalhães (1977), Carybé e Jorge Amado (1962) – ou o contrário – e, mais recentemente, por Luiz Rufino (2023), Murilo Meihy e Eduardo Freitas (2021). Quero observar algo que talvez pareça óbvio, e exatamente por essa razão é preciso ser dito: haver pouca variação na grafia *Ọ̀sányìn* entre africanos ou africanistas talvez indique o fato de ser essa a maneira mais frequentemente admitida pelo povo Iorubá de escrever em seu próprio idioma, com todos os acentos que se esforçam em reproduzir as delicadas variações de tom que possui. Mesmo que assumamos ser a grafia do idioma Iorubá uma conquista relativamente recente, tendo pouco mais de 100 anos de idade, a ideia é bastante tentadora (Aderonmu, 2015; Asiwaju, 2010; Johnson, 1960; Salami, 1999). Por extensão, se esse juízo se sustentar, posso intuir também que as outras tantas formas de colocar no papel o nome de Ossaim reflitam adaptações diaspóricas que veio a sofrer, bem como as tentativas de preservar, tanto quanto possível, a pronúncia mais próxima daquela que se ouviu – e ainda se ouve – em solo africano.

Por fim, quero justificar por que uso a grafia *Ossaim*. É assim que Pierre Verger parece assentar o nome, pelo menos em boa parte dos livros que escreveu, mesmo indicando a anotação iorubana – *Ọ̀sányìn* (Verger, 1995, 2000, 2002). Além disso, outros grandes pesquisadores, escritores ou sacerdotes acompanharam Verger, entre eles Roger Bastide (1961), José Flávio Pessoa de Barros (2011), Reginaldo Prandi (2001), Vagner Gonçalves da Silva (2022), José Beniste (2006), Agenor Miranda Rocha (2001) e Sikiru Salami (1999). Em respeito ao peso que têm esses nomes, à importância de suas obras, e em reconhecimento a um certo "abrasileiramento", de todo positivo, porque assumidamente diaspórico, resolvi admitir a grafia Ossaim neste pequeno ensaio. E, por favor, isso não quer dizer que outras grafias ou pronúncias estariam erradas. De forma alguma essa é uma leitura que cabe em um trabalho de pesquisa. Erro, não; mas errância, talvez. Porque errar, no sentido de andar por muitos caminhos, perambular, divagar, sem se confundir e sem se perder, é o que interessa aqui. Todas as variações que reproduzi, e outras mais que porventura ainda venham a ser arroladas, todas devem ser respeitadas, seja porque os autores que encontrei estiveram preocupados com a notação fonética, seja porque suas investigações ocorreram em tempos, lugares e sob circunstâncias diferentes, seja ainda porque a profundidade ou a matriz de seus interesses os tenham levado para rumos variados. Nem o certo, nem o errado, escolho a errância e também o que se pode justificar.

Não sei se o leitor obsessivo contou, como fiz, as vezes em que o nome de Ossaim se transforma. Talvez isso pudesse ser considerado apenas uma diversão, uma espécie estranha e doentia de passatempo, ou uma excentricidade sobre o senhor das folhas. Não penso dessa maneira. Mesmo levando em conta as muito prováveis justificativas de uso africano ou diaspórico do nome, como deixei indicado um pouco atrás, ainda acho possível tratar essa variedade de escritas e timbres como sintoma. Mas de quê, exatamente?

Bem, o primeiro passo para tentar encaminhar respostas a essa pergunta aparentemente singela é lembrar que Ossaim é uma divindade iorubana. **Ossaim é estrangeiro**. Pode ser constrangedor para muitos pensar assim, mas Ossaim, como todas as outras divindades de matrizes africanas, está, em princípio, relacionado a outras terras, outro idioma e outras referências de cultura. É verdade que ganharam novos ambientes, que se adaptaram com a diáspora e que ainda vieram a se envolver com diferentes e variados condicionamentos sociais. Mas são todas "originalmente" africanas. Então, seu nome –

ou nomes –, os significados que podem possuir, seus propósitos e atuações míticas, religiosas, litúrgicas não têm correspondência direta com qualquer outra deidade deste lado do Atlântico. Tratarei melhor disso um pouco mais adiante, quando falar de suas possibilidades sincréticas. Por enquanto, gostaria de me ater ao que pode passar despercebido em boa parte das vezes: ora, quando falamos Ossaim estamos propondo uma **tradução**. Qualquer esforço de entendimento das divindades iorubanas deveria passar pelo mesmo critério de pensamento. Falo de traduzir uma palavra ou nome, o que nunca será pouca coisa; mas não pretendendo falar de uma palavra ou nome qualquer, senão de uma divindade e, portanto, com o agravamento de toda a complexa formação que sugerem sua crença, seus mitos, suas práticas litúrgicas e – nesse caso em particular – seu extensíssimo conhecimento das folhas, que são sagradas e que são medicinais. Já havia avisado: não é pouca coisa.

Se posso considerar Ossaim um nome, uma palavra ou sentença em outro idioma, o esforço de seu entendimento pode ser concebido como um esforço de tradução. E nesse caso será preciso avaliar o peso gravoso do problema que temos em mãos, levando em conta o fato de tratarmos de uma tradição oral que ganhou maior volume, amplitude e profundidade no ambiente diaspórico. Além disso, estou a falar de um deus e, portanto, sempre me arriscando à afronta daquilo que pode ser definido como a crença mais profunda de um indivíduo, uma sociedade ou uma cultura. De algum modo falo da percepção sobre a verdade.

Se o esforço de compreensão de Ossaim é igualmente um esforço de tradução, acredito que devemos andar de mãos dadas com Barbara Cassin (2022) e admitir que precisamos desafiar a "patologia do universal", ou seja, tornar a busca pela tradução a busca por inúmeros meios de traduzir, sem qualquer intenção de encontrar a forma perfeita, única e definitiva de transferir, de um idioma para outro, a palavra, o sentido e o gesto. Precisamos admitir que não buscaremos *uma* resposta, mas boas perguntas e algumas boas respostas. A isso Barbara Cassin chama de **intraduzíveis** (Cassin, 2022; Filíppovna, 2018; Santoro; Buarque, 2018): palavras que são traduzidas, sim, muitas e muitas vezes, como palavras *in*ternas, *in*teriores, *ín*timas (sendo *in* prefixo retirado do latim que indica a ideia de dentro, como quem penetra, se entranha ou se aprofunda), tornando-se cada vez mais *in*tensas, *in*teressantes, *in*conclusas. Uma palavra ou nome intraduzível é uma palavra ou nome que se abre para uma tradução *in*cessante. **Ossaim é um intraduzível**. E, se isso for verdadeiro, é preciso tentar especular sobre o que pode querer nos dizer a variedade de grafias e pronúncias que ele tem.

Quero começar recordando de certa personalidade pública brasileira que nunca teve seu nome escrito corretamente durante toda a longa carreira profissional. É verdade que se tratava daqueles estrangeiríssimos, com mais consoantes que o bom senso pode admitir em nosso idioma. No entanto, o autor da biografia mencionava a dificuldade de colocar o nome da criatura nos registros oficiais do governo do jeito certo como um sintoma da pequenez que tinha o tal personagem, mesmo quando chegou a ocupar cargos da maior importância na administração pública de nosso país (Gaspari, 2002). Ou seja, o nome era escrito de forma errada, sendo possível argumentar sobre a mediocridade do figurão. Ora, não acredito que o mesmo possa ser dito de Ossaim. É claro que não. Estamos falando de uma divindade, o que já deveria ser suficiente para defender sua relevância inquestionável. E uma divindade que tem seu prestígio litúrgico garantido pela relação com a floresta sagrada e suas folhas, que permitem ou não quaisquer das práticas religiosas de matrizes iorubanas. Então, não: a ignorância, ou confusão, ou mistério, ou multiplicidade, em torno da grafia e do pronunciamento do nome Ossaim não tem nada a ver com desimportância. Talvez seja exatamente o contrário. E, como já disse, não haveria uma maneira correta de escrever ou pronunciar seu nome, o que invalida a ideia de existirem formas erradas.

Mas e se expandirmos o argumento? E se tomarmos essa grande variedade dos nomes de Ossaim como um sinal do pouco conhecimento que se tem dele? E então poderíamos dizer que sabemos tão pouco a seu respeito que sequer chegamos a um consenso sobre como escrever e pronunciar seu nome. Essa alegação se sustentaria? Sendo isso razoável, então estamos autorizados a pensar sobre que nomes têm os deuses? Como e por que os ostentam? São nomes a eles atribuídos por designação humana ou, por serem quem são, trazem consigo a identificação concedida pela própria natureza divina que possuem? Enfim, os nomes que têm os deuses informam algo a respeito deles? Entenda o bom leitor filosófico que essas perguntas são muito antigas e que, apesar do tempo que têm, nunca tiveram resposta satisfatória (Platão, 1988). Bem, talvez seja essa a natureza dos bons questionamentos.

Voltando a Ossaim, é preciso reconhecer que na maioria absoluta das vezes os livros, artigos e teses acadêmicas que mencionam seu nome acabam por falar muito mais sobre as folhas sagradas, de quem Ossaim é patrono e com as quais se confunde – o que, aliás, já é muito serviço. E, por favor, isso não é uma crítica ou uma cobrança: é uma constatação e, igualmente, uma abordagem possível, não resta dúvida. Afinal, o interesse em torno das ervas medicinais é de grande importância para as tradições religiosas iorubanas ou para as que com elas mantenham parentesco. O fato, porém, é que pouco ou quase nada se encontra sobre Ossaim, ele mesmo, tomado como divindade, nos contando as características que possui, suas histórias, suas saudações e seus significados. Dizendo de outra maneira, é incomparável o que sabemos sobre Exu, Ogum, Xangô, Oxum, Iemanjá, Oxalá, e o que sabemos, ou não sabemos, sobre Ossaim.

Ainda sobre essa questão, se aceito o raciocínio – de "não acertamos" de jeito nenhum o nome de Ossaim –, admito igualmente que sempre escrevemos de maneira diversa o apelido de um mesmo e único personagem. Mudaria a grafia, mas nunca sua substância, poderia intuir. Dito dessa forma, todos os autores, os poetas e os estudiosos, todos os sacerdotes, os devotos fidelíssimos e os frequentadores ocasionais das tantas casas que cultuam as divindades iorubanas, ou meramente se confundiram todo esse tempo, ou tiveram aprendizados e informações de origens diversas. A primeira resposta é inaceitável; mas pensar na segunda seria talvez um bom caminho de interpretação. Porque nos obrigaremos a lembrar da multiplicidade de cidades-Estado que constituíam a extensa região dominada pelo povo

Iorubá na costa ocidental africana e, portanto, da muito provável variedade de pronúncias que deram origem a grafias diferentes. E também não deixaríamos de fora o argumento incontornável das tradições orais, que dão forma e alma para as religiões de matrizes iorubanas, tanto nos casos africanos como em suas versões diaspóricas. Mesmo assim, estaríamos a considerar as inúmeras modulações de uma mesma divindade. Então devo complicar um pouco mais o problema: E se as diferentes formas de falar e escrever Ossaim apontassem para diferentes formas de compreender o personagem? Visto que admitimos saber tão pouco sobre ele, bem poderia se tratar de um outro, ou outros, com outras designações e outras substâncias. Faria sentido pensar dessa maneira? Bem, com essa linha de raciocínio, Ossaim seria pluralíssimo: teria inúmeras caracterizações, referências simbólicas e condicionamentos litúrgicos, sempre associados às folhas sagradas. Quem sabe possamos concluir desse modo depois dos capítulos que ainda virão? Não quero abusar da paciência do leitor, mas o buraco é mesmo mais embaixo.

Além do mais, poderia alegar que tantas formas de pronunciar e escrever o nome de Ossaim seria uma maneira da própria divindade se manter envolta em mistério e segredo. Para ser sincero, não sei bem se isso é um jeito cretino de escapar pela tangente, se é uma solução elegante, um recurso poético, ou se é exatamente disso que se trata aqui: Ossaim não quer ser conhecido. E se é verdade haver uma intenção nessa polissemia (ou poligrafia), que quer esconder e confundir, então precisamos fazer a pergunta: mas por quê?!

Já se disse de Ossaim algo sobre o medo que ele provoca (Ramos, 1942), pela aparência que tem (Barros, 1993) ou pelos males que pode causar (Simpson, 1980), ou sobre os terríveis poderes que possui e que dele emanam (Cabrera, 1990). Ainda quero falar desses aspectos mais adiante. Por ora, é preciso lembrar que um tanto desse mistério poderia muito bem estar relacionado aos medos que essa divindade e seus sacerdotes provocam. Medo do feitiço e do feiticeiro, medo do desconhecido – identificado à imensa quantidade de informações que a farmacopeia iorubana possui –, medo da própria floresta – medo ancestral e comum a outras tradições culturais (Delumeau, 1989; Thomas, 1988). Esse temor que Ossaim parece inspirar, porém, é facilmente contestado quando levamos em conta as qualidades de cura e de alívio das dores físicas humanas de que é capaz, graças ao manejo das folhas. E podemos saber disso novamente voltando o olhar para seus nomes – agora de maneira ainda mais intrusiva.

Observe o leitor paciente que eu mencionei diversas maneiras de escrever e falar o nome de Ossaim. Pois bem: algumas delas dão conta de aglutinações de pequenas sentenças em idioma Iorubá, nos oferecendo ainda mais material para o pensamento. Preciso lembrar que essa é uma ocorrência relativamente comum, se dando o mesmo com outras divindades, como, por exemplo, Oxóssi, Iemanjá, Oxalá e Orunmilá (Athayde, 2022). Para reforçar esse argumento trago em meu auxílio o professor titular de Filosofia da UFRJ, Fernando Santoro. Ele nos ensina uma das "transformações radicais do modo de ser da palavra", que teria sido a "constituição de nomes como conceitos", especialmente como faziam os gregos para designar seus deuses (Santoro, 2009, p. 77; Nietzsche, 2000). Pensando dessa forma, o nome de um deus jamais seria somente o nome de um deus; mas também uma ideia, um conceito que espelha formas de conhecimento sobre a natureza das coisas do mundo e, particularmente, a natureza das coisas do mundo com as quais um deus se relaciona de modo singular. Então, é preciso que estejamos ainda mais atentos para os significados que podem ter os nomes dos deuses.

Entenda, muitos autores que deixei citados um pouco atrás usam a grafia *Òsányìn*, como Verger, Adéwálé-Somadhi, Awolalu, Simpson, Bascom e Beier, variando as acentuações, o que já implica ouvir o nome Ossaim de maneiras diferentes. Ter a mesma grafia, porém, não garante qualquer certeza sobre o que pode significar seu nome. Veja, Frisvold (2022) nos ensina que *sán* quer dizer "aumento da saúde", enquanto *yìn* seria traduzido por "ferver ou construir com o auxílio do fogo". Então talvez possamos pensar em algo como "aquele que cura – ou aumenta a saúde – com a ajuda do fogo", quem sabe deixando indicada a habilidade para preparar mezinhas que possam ajudar nos processos de cura. Mais recentemente, José Beniste (2014) sugeriu em seu dicionário um fracionamento do nome, *ò* – *sán* – *yìn*; sendo *ò*, "aquele que", *sán*, do verbo "curar", e *yìn*, "aclamar, louvar". *Òsányìn* seria "aquele que cura e louva por isso", ou "aquele que cura e é louvado por isso", ou ainda "aquele que cura e é aclamado". Alzení de Freitas Tomáz (2019) concorda com Beniste e confirma a primeira fórmula: "aquele que cura e louva por isso". Sem dúvida, essa leitura faz todo o sentido, na medida em que a responsabilidade de cura através da farmacopeia iorubana está sob a responsabilidade de Ossaim. E o fato de ser comemorado ou de comemorar a vitória em relação à doença, também. Mas não vamos festejar ainda, se é que festejaremos por encontrar apenas uma resposta.

Bem antes de José Beniste, porém, Arthur Ramos, nos anos 1940, havia proposto outra versão bem diferente. O médico e antropólogo alagoano preferia a versão *Ossonhe*, explicando que adviria de *óshónù iyé*, traduzido por ele como "o enfermo da vida" ou "o aleijado da vida" (Ramos, 1942). Essa versão foi certificada posteriormente por Câmara Cascudo (1988). Ora, mais uma vez podemos estar de acordo com uma resposta para o mistério em torno do nome de Ossaim. Falarei disso mais à frente, mas já adianto agora que uma das caracterizações antropomórficas mais frequentes do senhor das folhas é como personagem sem uma perna, sem um braço e sem um olho, o que justifica a proposta de Arthur Ramos. O fato de estar representado assim o tornaria mais próximo das mazelas humanas, criando a empatia necessária para a cura de doenças ou para o entendimento sobre sua condição. E não é só.

Encontrei outra variação no dicionário de Olga Cacciatore (1988). A pesquisadora apresenta *Ossânin*, ou *Ossânhin*, argumentando que a origem do nome seria explicada pela aglutinação de *ò̠so̠n – yìn*, que ela traduz como "luz divina e louvada". Com todo respeito, creio ser essa a opção menos sustentável, já que não faz qualquer referência à potência curativa do orixá. Além disso, o fato de ser usada a alegoria da luz como recurso identificador de Ossaim não parece ser distintiva, exclusiva, própria, visto que ela bem poderia ser associada melhormente a outras e inúmeras divindades iorubanas, como Exu, Xangô e Oxalá, pelo menos. Isso, porém, ainda não é suficiente sobre o assunto.

O idioma Iorubá é tonal e parece não ter conhecido qualquer forma para sua grafia até a chegada dos colonizadores britânicos, a partir da segunda metade do século 19 (Aderonmu, 2015; Johnson, 1960; Salami, 1999). Isso provoca alguns problemas para a tradução; ou intradução. Porque a mais branda mudança de acento na fala pode sugerir um rumo totalmente diverso para nosso exame aqui. Vou aquecer o argumento usando outras variações de composição para o nome Ossaim. Entenda o leitor imperturbável que não quero confundir, mas problematizar, tanto quanto me for possível, as dificuldades de entendimento sobre essa divindade, tendo como ponto de partida apenas, e ainda, seu nome. Então vejamos: se acompanho Ramos em sua sugestão (*Ossonhe*) ou Cacciatore (*Ossânin*, ou *Ossânhin*), teria outras possibilidades de leitura a partir da base fonética Iorubá. Porque *óṣó* é "feiticeiro";

ọ̀so é "pessoa que fala bem"; e *ọ̀so* é uma "planta espinhosa, usada como armadilha para animais de grande porte". Seguindo adiante, *òṣónú* é uma "pessoa rude, malcriada ou azeda"; e *òṣonú* é uma "pessoa generosa". Ainda buscando as partes que poderiam compor o nome de Ossaim, *iye* é "número, quantia ou valor"; *iyè* é "pensamento, ideia ou opinião"; *ìyè* é "vida, saúde"; *iyẹ́*, por sua vez, é "saque, pilhagem"; e *ìyẹ́*, pena de ave ou plumagem (Beniste, 2014); bem diferente de *ìyẹ̀*, traduzido como o "cupim que rói a árvore", bem como o "pó" que o cupim produz quando come a madeira. Daí *ìyè – ìròsùn* e *ìyè – Ifá,* o pó usado pelos babalawos para riscar as marcas de odu no momento da consulta oracular (Athayde, 2022; Ayoh'Omidire, 2005). Se aceitarmos essas outras possibilidades, teríamos algo como "pessoa generosa e inteligente"; ou o "feiticeiro de plumas"; ou ainda a "planta espinhosa que dá saúde". Por favor, não leve essas três últimas versões a sério.

Sempre achei que para começar a conhecer qualquer coisa é preciso saber o nome que tem. Por essa razão me dei ao trabalho de investigar inicialmente o nome Ossaim. Afirmei ter tomado como um sintoma a grande variedade de grafias e possíveis pronúncias que elas sugerem. Bem, depois de ter desenvolvido um tanto do que por hora me impus, creio poder dizer que pensar no tal sintoma é razoável sim e abre nosso argumento em duas direções convergentes: demonstra certo nível de ignorância em torno da divindade, ao mesmo tempo que indica as muitas modulações que se evidenciaram a partir de seus movimentos diaspóricos. Argumentei igualmente que Ossaim é uma palavra, ou nome, intraduzível, no sentido que dá Barbara Cassin (2022), ou seja, um nome que se presta a inúmeras traduções e entendimentos. Se essa proposta realmente se sustenta, não cessarão as possibilidades de leitura que essa divindade nos permite, não sendo plausível imaginar o fim da tarefa de buscar sua compreensão.

Espero que o leitor insistente não tenha se aborrecido comigo. Afinal, não foi muito vantajosa nossa investigação até aqui. Pelo menos se considerarmos não haver chegado a uma resposta definitiva ou aceitável. Talvez sirva de consolo dizer que essa era minha intenção desde o início. Primeiro, porque o assunto é mesmo tão complexo que não poderia se esgotar tão facilmente com uma revelação espetacular, como se fosse um passe de mágica, um truque, um tangolomango qualquer. Segundo – e isso vai parecer cinismo –, porque não haveria nenhum interesse em seguir adiante na leitura deste livro se resolvesse logo no início o que apresentei como um provável mistério. O fato é que ainda precisamos dar notícia sobre o que dizem de Ossaim, para assim avançar um pouco mais em direção ao conhecimento sobre ele.

2 Ossaim e o que dele dizem

Para escrever este livro, falei com alguns sacerdotes, que me ajudaram muito a pensar sobre Ossaim. Um deles foi o importante babalawo carioca, com mais de 30 anos de vida religiosa, Luis Henrique Chauvet de Andrade, Omoadeifá. Conversamos inúmeras vezes sobre os tantos assuntos pertinentes a esta pesquisa. E, como costuma acontecer nessas ocasiões de trabalho, conversa vai, conversa vem, acabamos por nos distrair com a prosa, e alguma coisa inesperada mudou o rumo do que eu havia planejado. Pois foi assim que se deu quando Omoadeifá me falava de Ossaim, dizendo ser ele conhecido por ter algumas características físicas no mínimo curiosas. Na verdade, algumas delas são até bem conhecidas, visto que podemos encontrá-las muitas vezes repetidas na bibliografia. Ele me contava: "Dizem que **Ossaim não tem um olho, não tem um braço, não tem uma perna e... é rouco**". "Rouco?!", repeti, espantado. Ele riu e confirmou: "Rouco". "Rouco?! Mas por que rouco?!"

Quero deixar prevenido o leitor quanto ao que vou contar a partir de agora. Entenda, os deuses – todos os deuses – são muitas coisas. E em particular as deidades politeístas. Eles são os "fragmentos encantados da natureza", como ensinava com poesia Pai Agenor Miranda Rocha (2001), entidades que têm sua substância identificada, ou misturada, ou confundida com a natureza; são também potências anímicas, portanto, que retiram sua força e personalidade dos oceanos, dos rios, da tempestade, da terra, do ar, do fogo (Eliade, 2008; Otto, 2006); e são muitas vezes também identificados com animais totêmicos, como o lobo, o leão, o rato, o chacal, o elefante, o búfalo, e por aí seguimos, variando de cultura em cultura, sem cessar suas possibilidades (Lévi-Strauss, 1989). Até mesmo este escrevinhador aqui já sugeriu em outra ocasião que os deuses são sentimentos (Athayde, 2022). Pois bem, além dessas propostas, outras mais podem ser acrescentadas. Com certeza. Por esse motivo, gostaria modestamente de colaborar mais uma vez com o debate do tema. Aí vai: antes de qualquer outra coisa, **os deuses são ideias**. E dizer isso não é nada de mais. Veja, é claro que os deuses são ideias (Nietzsche, 2000; Santoro, 2009). Formulamos ideias sobre o que sejam os deuses todo o tempo, em toda a parte e em todas as culturas. Isso, porém, implicaria pensar que nós, humanos, criamos os deuses. E a resposta, com uma cara muito debochada, seria sim e não. Os deuses criam os humanos, quando os humanos acreditam nos deuses; e, dessa maneira, os humanos criam os deuses, à sua imagem e semelhança cultural. E, por fim, esperamos sinceramente que os deuses acreditem em nós, humanos. Nem antes, nem depois, a crença *nos* deuses e *dos* deuses se dá simultaneamente.

Para usar o recurso sempre bem-vindo dos exemplos, vamos a eles: para o povo Iorubá e seus descendentes diaspóricos, Ogum é o deus do ferro. E o ferro é anterior à existência dos humanos. Então, quando os humanos aprenderam a manejar os metais, associaram o milagre da fundição e seus benefícios a uma divindade – culturalmente singular, é bom sempre dizer –, dando a ela o nome de Ogum. Desse modo, Ogum antecede aos humanos e, da mesma maneira, foi criado por eles. Logo, Ogum é um deus e é também uma ideia. De maneira análoga, Oxum é a divindade das águas doces, dos rios. E os rios se formaram bem antes do surgimento da humanidade. Quando os humanos desenvolveram as aptidões da pesca e da navegação, e toda a sorte de projeções metafóricas, vincularam essas e outras virtudes a uma deusa – mais uma vez, respeitando aqui a particularidade da cultura –, batizando-a de Oxum. Sendo assim, Oxum é uma deusa e é também uma ideia. Acho que o leitor já entendeu o argumento. Então para o povo Iorubá e sua descendência diaspórica Ossaim sempre esteve lá, na floresta? Sim, sempre esteve. Ora, como podemos dizer que Ossaim é uma ideia, visto que ideias são produto humano? Porque, em algum momento, os humanos arranjaram meios de entender os fenômenos benévolos e malévolos das folhas que vivem na floresta, combinando essa ciência ou magia a um deus, que recebeu o nome de Ossaim. Da mesma maneira do que foi exposto antes, Ossaim é um deus e é também uma ideia. E isso é só o começo do que é preciso ser dito.

Porque, se os deuses são ideias, como, ou onde, podemos encontrá-los? De que maneira conhecemos o que é necessário conhecer sobre eles? Ou ainda, pensando que os humanos criam a seu modo esses mesmos deuses, que forma ganham quando precisamos fazer deles algum juízo? E a resposta parece ser simples: através das histórias que contamos dos deuses. É nessas histórias que os deuses ganham vida, vida humana, ou quase humana. Podemos dizer que as ideias que fazemos dos deuses conquistam a condição de personagens dessas histórias, que chamamos mitos. Os mitos, então, contam histórias de ideias que desenvolvemos na condição de divindades. De algum modo podemos concordar que o pensamento mítico não antecede à filosofia; senão que já se trate, ele próprio, de filosofia (Couloubaritsis, 2008).

O que quero dizer aqui é que, para conhecer as divindades, além do nome, ou nomes, que têm, precisamos conhecer seus mitos, suas histórias. E que, nessas histórias, os deuses são personagens, com características humanas, ou quase humanas.

Não por acaso, é sempre tão fácil confundir uma deidade politeísta com uma pessoa: porque são histórias de personagens, com corpos idealmente humanos, que se comportam como humanos, fazendo e falando coisas humanamente possíveis ou não, mas todas humanamente imagináveis. Essa confusão, porém, entre deuses e humanos pode nos levar a cometer alguns graves equívocos. Porque eles não são como nós. Se os deuses parecem ser humanos nas histórias, é porque esse é um recurso usado tantas vezes, por diferentes culturas – e que me perdoem os sentinelas da antropologia –, para que possamos alcançá-los. Para nos fazer semelhantes a eles. Para estar perto deles. Mas nunca ser como eles. Nunca serem eles como nós.

Então, os deuses são ideias que fazemos deles, mesmo considerando sua existência como coisa anterior à humanidade. E conhecemos os deuses, para além das possíveis investigações de seus nomes, através das histórias, dos mitos que contamos deles. Histórias – ainda não será tarde para lembrar – criadas por nós, humanos. Nessas histórias, podemos saber como imaginamos seus corpos, suas personalidades, do que gostam ou não, quais as habilidades que possuem. Nessas mesmas histórias, também podemos conhecer algumas das saudações e títulos que têm, as intrigas, alianças e inimizades que desenvolveram, tudo isso que vai ajudando ainda mais nosso entendimento sobre eles.

Voltando à conversa com Omoadeifá: "Rouco?!", me espantei. "Rouco, sim", disse ele achando graça. E em seguida insisti: "Mas por que rouco?!". Bem, a conversa evoluiu daí, e já, já digo aonde foi parar e como acabei encontrando mais de uma resposta para o fato de Ossaim ser rouco. Mas, com essa primeira pergunta, percebi que deveria fazer outras, talvez melhores, sem o impacto do primeiro assombro. Perguntas como: Por que Ossaim é caracterizado assim?; ou: Existe alguma relação entre os aspectos físicos de Ossaim e sua atuação no campo de conhecimento das folhas?; e: Quais seriam os títulos, saudações e atributos de Ossaim para além daqueles que já conhecemos, associados às folhas? E, se existem, são capazes de revelar algo mais sobre ele? Entenda o leitor ilustrado: este livro que vai se escrevendo por aqui deseja mesmo fazer perguntas, bem mais que dar respostas. Sua vocação é filósofa, sem tratos com a doutrina ou o dogma.

Mas vamos começar do princípio. O fato de dizerem que Ossaim é caracterizado como alguém sem um braço, sem uma perna e sem um olho é recorrente. Sobre a condição de sua única perna, um *oriki* (provérbio ou saudação) de Ossaim diz: *Elésè kan jù elésè méjì lo*, podendo ser traduzido como "aquele que tem uma perna só é mais poderoso do que o que tem duas"; ou ainda: *Elésè kan ti ó lé elése méjì sáré*, algo como "aquele que tem uma perna só põe para correr o que tem duas" (Simpson, 1980, p. 43-44). Lydia Cabrera, em seu clássico *El Monte*, de 1954, nos revelava pelo menos quatro versões diferentes sobre a origem dessas particularidades. Ela contava que seus informantes em Cuba diziam que Ossaim possuía somente o pé direito, o braço esquerdo e um olho, sem nos avisar se um ou outro. Além disso, teria uma orelha muito grande, com a qual nada ouvia, e outra, bem pequena, mas que seria sensível o suficiente para "ouvir o passo de uma formiga ou o voo distante de uma mariposa" (Cabrera, 1990, p. 73). Na primeira história recontada pela autora, a divindade da floresta nos é apresentada como *Ossaim Okini Gwágwá Eléyo*, personagem de todo mau, de temperamento exaltado e dono de uma coragem invencível. Ele possuía um irmão, *Ossaim Alábbio*, com o qual disputava uma mulher. Sobre esse outro, nada nos é relatado além de seu parentesco. Pois bem, *Ossaim Okini Gwágwá Eléyo* se internou no fundo da floresta a fim de fazer feitiços e vencer o irmão. Furioso e alimentado pelo ódio, ele encontrou *Elegguá* (Exu, apesar das especificidades do título que *Elegguá* supõe), que era protetor de *Ossaim Alábbio*. Os dois lutaram encarniçadamente e *Ossaim Okini Gwágwá Eléyo* acabou perdendo um olho nessa hora. Ele, porém, não desistiu. Pelo contrário: ainda mais enfurecido, foi em busca de um item secreto para preparar sua bruxaria, que só se encontrava no fundo de um poço. Mas esse poço era velho, sua borda desgastada, quebradiça, e Ossaim escorregou, caiu, perdendo uma perna e um braço. Lá do fundo, sangrando e estropiado, ele ainda teve forças para agarrar um rato com a mão restante e negociar seu salvamento com uma coruja. Por fim, Ossaim saiu do fundo do poço voando com as penas da coruja e ainda com forças para vencer o irmão. História complicada essa.

Complicada, mas não por ser fantástica. Isso não. Afinal, mitos costumam ser relatos fantásticos, mesmo que contem a verdade sobre as coisas do mundo (Eliade, 2002). Digo que a história é complicada porque com ela é possível pensar em diferentes e interessantes aspectos sobre Ossaim. E o primeiro deles é o que já estamos pondo em curso, ou seja, o de sua aparência. Quero insistir nisso. Em mais uma alternativa apresentada por Lydia Cabrera para a origem de suas peculiaridades físicas, Ossaim é um caçador que maneja o arco e a flecha com uma só mão e um só braço, isso depois de ter sido punido e mutilado por matar um veado que pertencia a Olofin (um dos títulos da divindade suprema Iorubá). Outra história diz que Ossaim perdeu seus membros e um olho depois que foi apedrejado por Xangô, quando desejava tomar-lhe as folhas (Cabrera, 1990). Preciso deixar claro para o leitor que não é por divertimento que aponto essas diferentes versões tentando explicar a proveniência das singularidades do corpo de Ossaim. Bem... é um pouco sim. Mas, acima de tudo, deve interessar nessa hora o fato de toda essa multiplicidade indicar a riqueza do assunto e o quanto é complexa a aparentemente simples menção ao seu corpo imaginado. Afinal, uma história só nunca é uma história só, por não ser somente e por não estar sozinha.

A versão, porém, recomendada por Lydia Cabrera como a "mais aceitável" sobre as circunstâncias em que Ossaim teria perdido uma perna, um braço e um olho pode ser igualmente encontrada em um dos mitos do Odu Ifá Iroso Oshe (Cabrera, 1990; Tratado de Ifá, 2002). Segundo o que se conta, Orunmilá, deus do conhecimento, da inteligência e da sabedoria, aquele que conhece os segredos do oráculo de Ifá, desconfiava que estivesse sendo prejudicado por algum tipo de bruxaria, mas não sabia quem era o bruxo. Aborrecido, foi se queixar com Xangô, senhor dos raios e dos trovões. Xangô recomendou que Orunmilá preparasse um alguidar com mechas de algodão embebidas em azeite de dendê e o colocasse no meio da floresta. Se Orunmilá notasse algo estranho, deveria invocar o poder de Xangô, que ele viria depressa em seu socorro.

Ossaim, que era o tal inimigo oculto de Orunmilá, estava mais uma vez preparando feitiços com suas folhas para prejudicá-lo. Nessa hora, Orunmilá consultava o oráculo de Ifá, sendo por ele avisado que seu inimigo agia. Sem esperar mais, Orunmilá chamou por Xangô, que se manifestou como um raio que caiu bem no alguidar com algodão e dendê, provocando um enorme incêndio. Ossaim, que estava na floresta, teve seu corpo queimado, perdendo um braço, uma perna e um olho. Eu havia mencionado no início deste parágrafo que é a versão "mais aceitável", e isso porque, além de Lydia Cabrera, essa mesma narrativa é repetida e atestada, com pequenas diferenças litúrgicas ou de estilo, por Pierre Verger (1997), Natalia Aróstegui (1995), José Flávio Pessoa de Barros (1993), Reginaldo Prandi (2001), entre outros. E, por mais exaustivo que possa parecer, ainda conheço outra versão dessa mesma história, com outros detalhes e significados litúrgicos. Essa, porém, vou deixar para contar mais adiante.

Para completar o quadro das peculiares caracterizações físicas de Ossaim, Lydia Cabrera, seguida de Natalia Aróstegui, ainda acrescenta que ele tem "a boca torcida, a cabeça grande como um melão, é fanho e brinca sobre seu único pé"; e que, além disso, é "muito feio, gosta de fumar, de beber e assoviar" (Cabrera, 1990, p. 76; Aróstegui, 1995, p. 135-136). Cabrera nos conta que Ossaim era muito temido em Cuba no tempo de sua pesquisa, entre os anos 1940 e 1950, inclusive pelos próprios sacerdotes dedicados a seus serviços. E não somente por sua aparência assustadora ("a visão dele era horrorosa") mas também por ter o mau hábito de aparecer repentinamente para os desavisados que andavam sozinhos de madrugada pelas estradas. Ossaim era descrito como um diabrete pequeno e saltitante, sorrindo com sua boca cheia de dentes pontiagudos, que surgia do nada pedindo fogo e fumo: "Não há quem não tema encontrar-se à noite com este personagem" (Cabrera, 1990, p. 76). Se por um acaso o leitor achou essa descrição familiar, semelhando algum personagem bem conhecido entre nós brasileiros, não se impressione; tenha só mais um pouquinho de paciência: tratarei dele no capítulo seguinte.

Esse aspecto assustador não fica contido somente na ilha caribenha. Do outro lado do Atlântico, George E. Simpson recolheu entre os Iorubá da região de Ibadan (Nigéria) alguns *orikis* no mínimo curiosos. Segundo o pesquisador norte-americano, Ossaim é reverenciado como *Esinsin abedo kínníkínni*, "aquele que tem o fígado transparente como o da mosca"; *Kòògo egbòrò irín*, "aquele que é tão forte quanto uma barra de ferro"; e *Agogo nla se erpe agbára*, "o grande sino de ferro que soa poderosamente" (Simpson, 1980, p. 43-44). É bem difícil saber as razões dessas mesuras, já que Simpson nos deixa sem qualquer reflexão ou indicação acerca delas. Avançar apenas com o que temos seria, portanto, leviano. Porém, não deixa de ser notável o fato dessas particularidades acentuarem um pouco mais as estranhezas do corpo imaginado de Ossaim.

Mas voltando um pouco atrás: o leitor interessado deve ter percebido que nessas histórias recontadas até aqui Ossaim *perde* os membros, e isso acontece como castigo, como punição por sua índole maldosa. E esse aspecto de seu temperamento nos levará a discutir outro de seus atributos constantemente lembrados.

Veja, sobre os irmãos em conflito, podemos admitir que sejam personagens distintos ou que são duas facetas de Ossaim fracionadas. Se uma boa e outra má, não será possível dizer, já que não temos qualquer informação sobre a natureza de *Ossaim Alábbio*. Mas o caráter de *Ossaim Okini Gwágwá Eléyo* e sua disposição em fazer o mal através do uso das folhas é algo que a literatura sobre o assunto conhece de sobejo. Ainda contarei outras histórias com sentido análogo a essa, mas posso afiançar desde já que é comum dizerem que **Ossaim é bruxo e feiticeiro**. Entenda, esse é um tema espinhoso, que demanda muita cautela e, portanto, muita explicação. Falar de magia, feitiçaria e bruxaria é sempre complicado porque esbarra em diferentes níveis de preconceitos, seja contra mulheres, contra religiões de matrizes africanas – e, portanto, contra africanos e afrodescendentes – ou contra toda a forma de conhecimento que não seja tributária da ciência praticada e consagrada pelo Ocidente europeu. E, por favor, pensar em Ossaim, uma divindade fundamental para o povo Iorubá e seus descendentes diaspóricos, como um bruxo ou feiticeiro, sem maiores explicações, poderia trazer sérios prejuízos para a religião, se não for um assunto tratado cuidadosamente. Então vamos com calma.

Talvez a primeira coisa a ser destacada é que as ideias mais comuns sobre magia, feitiçaria e bruxaria que encontramos nas regiões da África Subsaariana não são as mesmas dos ambientes europeus e deles derivados. Nesses casos, o mago geralmente é o homem sábio, a bruxa é a mulher que faz pactos com demônios, e o feiticeiro é uma espécie de "bruxo do bem", que muitas vezes pode ser confundido com o mago. Para os três personagens, é possível dizer que o conjunto de conhecimentos a eles atribuídos e as crenças que lhes davam sustentação sempre estiveram contrários ao poder do Estado, da Igreja ou da ciência. Magos, bruxos e feiticeiros aparecem frequentemente nas tradições populares europeias, bem como em sua própria história, como párias sociais, agentes do mal e manipuladores de conhecimentos pseudocientíficos (Thomas, 1991). E não só na Europa moderna, mas no Brasil igualmente, com o acréscimo vexatório do preconceito que recai sobre os africanos, seus descendentes e sua fé (Del Priore, 2000; Ramos, 1942; Rodrigues, 2006; Souza, 1986).

Essas percepções não seriam universais mesmo, é claro. E, para fazer melhor juízo disso, ainda podemos lançar mão de exemplos estudados entre os Daomeanos, os Azande ou os Iorubá, três dos muitos povos habitantes da África Subsaariana (Awolalu, 2001; Evans-Pritchard, 2005; Lucas, 2001; Maupoil, 2017). Nesses casos, apesar das especificidades que possuem, existe em comum o fato de seus sacerdotes ocuparem importante destaque social, fazendo uso de conhecimentos oraculares, da medicina tradicional e da magia – reiteradamente associadas ao uso das folhas – para resolverem problemas e favorecerem quem quer que procure por sua ajuda. Não são personagens marginalizados por forças institucionais de poder. Evans-Pritchard (2005) nos faz lembrar que os adivinhos *zande* eram magos também, que combatiam todo tipo de infortúnio causado por bruxos, sendo reverenciados por suas ações benévolas. De forma semelhante, é o que fazem tanto os *bokonos* do Daomé quanto os *babalawos* Iorubá (Awolalu, 2001; Maupoil, 2017). Vistos assim, esses sacerdotes são personagens socialmente muito respeitados, donos de grandes conhecimentos, seja dos oráculos que consultam, seja das medicinas tradicionais, seja ainda das magias que solucionam problemas cotidianos. Eles bem poderiam ser chamados de magos; feiticeiros, talvez; mas bruxos, não.

Apesar da enorme distância de sentidos entre o que pode significar bruxaria para os povos europeus e os povos africanos, e suas descendências mundo afora, é permitido pensar que o bruxo é um mago, ou feiticeiro, que não respeita critérios de conduta, fazendo valer sua vontade, ou a vontade de quem o solicita. Então, o problema não seria somente de ótica mas também de ética. E me perdoe o leitor a simplificação grosseira, mas neste pequeno livro não há espaço para desenvolver o assunto com o rigor que ele merece. Sei bem que a conotação pejorativa que recai sobre o bruxo ou, pior ainda, a bruxa, em todo o ocidente europeu, traz consigo o preconceito contra os saberes tradicionais e a misoginia contra as mulheres que conheciam o segredo das ervas e das raízes que curavam. A interpretação do bruxo que uso aqui, com licença, não é tributária das leituras feitas no Hemisfério Norte, mas as que podem ser encontradas entre povos africanos, como os Azande, os Daomeanos e, quem nos interessa ainda mais, os Iorubá. Portanto, me autorizo a dizer que existem inúmeras histórias que retiramos da tradição literária de Ifá em que Ossaim é um personagem sem escrúpulos para fazer uso das folhas como artigos mágicos vocacionados para o mal. É fato. É nesse sentido, por exemplo, que Jacques Raimundo nos informa ser *Oçonhe*, "o gênio da mata que transmite a infelicidade a quem o vê", o "portador de má sorte" (Raimundo, 1936, p. 158-159). Simpson, por sua vez, afirma que Ossaim é "o verdadeiro poder por trás das bruxas [*Iyá Mi Oxorongá*], e é ele o responsável por resolver problemas com elas" (Simpson, 1980, p. 42). E, por fim, na esteira desse raciocínio, Ossaim é tratado pelas histórias ancestrais do povo Iorubá como um antagonista de Orunmilá, sendo este último visto sempre como um sacerdote sábio, íntegro e conhecedor dos segredos oraculares de Ifá (Athayde, 2022). Levando tudo isso em conta, Ossaim é um bruxo sim.

E antes, porém, de encerrar essa questão, preciso dizer que consultei um sacerdote de Orixá do Rio de Janeiro, que não confesso agora nome, para saber se Ossaim é mesmo um bruxo. Ele me fez ponderar que não, porque em momento algum de suas histórias Ossaim poderia ser apresentado como um *Ó<u>s</u>ó* (pronuncia-se ôxô), bruxo ou feiticeiro malévolo. Esse já seria outro problema, visto que Ossaim, de fato, nas histórias que encontrei dele, não possui qualquer indicação de ser um *Ó<u>s</u>ó*. Os *Ó<u>s</u>ó* compõem uma sociedade secreta, um *ègbè* temido, formado por homens com grandes poderes e conhecimentos de magia (Simpson, 1980). Suas condutas podem ser questionáveis exatamente por não seguirem critérios éticos, sendo capazes de praticar o mal, se assim for necessário ou desejável. E, salvo engano, Ossaim não é mencionado em qualquer situação que o envolva com os bruxos humanos. Não quis citar o nome do sacerdote carioca por delicadeza, porque essa me parece ser uma avaliação completamente equivocada. Então, quando dizemos que Ossaim é bruxo ou feiticeiro, é porque encontramos referências nas histórias que são contadas sobre ele. É comum o fato de Ossaim – enquanto divindade/ideia/personagem – reunir folhas para feitiços com a intenção de fazer mal a alguém. Poderíamos nos perguntar se isso torna Ossaim uma espécie de deus malévolo. E a resposta precisa ser taxativa: é claro que não! E o argumento é muito simples: as folhas – e isso é sabido – fazem bem e fazem mal. Ossaim só revela em suas histórias as potências que as folhas carregam.

Para dar ainda mais sustentação a esse argumento, creio ser interessante uma rápida lembrança sobre o sentido que as palavras têm. Veja, o povo Iorubá usa *oògùn* para dizer medicamento, remédio (e, por favor, não confundir com *Ògún*, a divindade do ferro e da guerra, ou *ogun*, guerra, batalha, exército, ou *ogún*, o número 20, ou *òógùn*, suor. Pois é: trata-se de um idioma tonal). Mas essa mesma palavra – *oògùn* – pode ser usada para se referir a magia ou encantamento e, conforme o contexto em que se encontra na frase, a veneno também. No verbete *oògùn* do dicionário ioruba-português do professor José Beniste, encontramos os seguintes exemplos: *oògùn yìí mú mi*, "este remédio que tomei fez efeito"; *fi ọgbọ́n lo oògùn*, "use corretamente o remédio" ou "tenha sabedoria para usar o remédio". E a mesma palavra serve a outro propósito, como se vê na sentença *ó ṣe oògùn ìfẹ́ran sí ọkọ rẹ̀*, "ela fez uma magia de amor para seu marido"; e também ó *fi oògùn dẹ mi*, "ele tentou me envenenar" ou, na versão literal, "ele com o remédio me traiu" (Beniste, 2014, p. 562).

Assim, *oògùn* possui sua natureza multiplicada, como remédio, veneno e magia, o que nos ajuda bastante nessa reflexão. Ora, se com a folha é possível produzir aquilo que salva, o que mata e o que encanta, se a folha é um *phármakon* (Magalhães, 1977), como diriam os gregos, ou uma *droga*, para melhor traduzir, não deveríamos então nos perguntar se o deus das folhas é bom ou mau. Ossaim revela sua potência através das folhas que ele é e representa, o que já seria suficiente. Mas quem faz o feitiço no mundo é o feiticeiro, quem faz a bruxaria é o bruxo; então quem causa prejuízo real a alguém não é Ossaim, que é uma divindade – e, como argumentei antes, uma ideia –, mas os humanos que manipulam o conhecimento das folhas com esse intuito. Assim, me permito concluir que dizem sim ser Ossaim o bruxo ou o feiticeiro das histórias; mas não é um Óṣó, um bruxo ou feiticeiro humano.

Seguindo esse raciocínio, é relativamente simples pensar que, se Ossaim usa as folhas para preparar feitiço e veneno, ele também receita *oògùn*, para fazer remédio. Então, se dizem que ele é bruxo e feiticeiro, dizem também que **Ossaim é médico, curandeiro e boticário**. É o que repetidamente dizem de Ossaim aqueles que escreveram sobre ele. Já Fernando Ortiz, no início do século 20, em seu clássico *Los negros brujos*, de 1906, avisava que os afrodescendentes cubanos conheciam três tipos de sacerdócio: os adivinhos, de Ifá; os "que praticam a medicina", de Ossaim; e aqueles que se dedicavam ao "deus supremo", Obatalá e Odudua – e, por favor, não vou cair na armadilha de tentar discutir este último sacerdócio agora (Ortiz, 1917). Para ficar um pouco mais em Cuba, Lydia Cabrera (1990, p. 73) afirmava que Ossaim é "o dono incontestável das ervas, o médico, o botânico", enquanto Natália Aróstegui (1995, p. 135-136) dizia que é a "deidade da farmacopeia", senhor das folhas "que têm poderes mágicos". Coisa semelhante nos contava José Flávio Pessoa de Barros (1993, p. 21) – uma das maiores autoridades brasileiras sobre Ossaim e suas folhas –, indicando as "propriedades particulares de cada erva" e como poderiam ser misturadas para garantir bons resultados medicinais. O pesquisador norte-americano William Bascom (1984, p. 90) apontava Ossaim como o "deus da medicina", fazendo inclusive referência a um mito em que vencia Omolu – apresentado por ele apenas como o deus da varíola – em uma disputa pelo amor de Oxum. Ainda sobre a relação com Omolu, Aderonmu (2015, p. 82) afirma que Ossaim conhece as forças curativas das folhas, "ajudando a vencer, junto a Obàluwàié [um dos títulos de Omolu], as enfermidades". Ossaim é "quem melhor conhece tanto as plantas medicinais como as venenosas" (Magalhães, 1977, p. 74); é a "entidade das folhas medicinais e litúrgicas" (Carybé; Amado, 1962, p. 330); é "a divindade que cura as doenças" (Fonseca Jr., 1995, p. 495); é "o mais poderoso de toda a medicina, ele é quem nos dá as folhas, as raízes e mais coisas que não podemos imaginar" (Campos, [19--], p. 97); é o "curandeiro, porque conhece os segredos da floresta, as plantas que matam e as que curam" (Ligiéro, 2023, p. 87); é a "divindade da medicina, da cura pela medicina" (Barcellos, 2019, p. 25); é o "primeiro médico" (Epega, 1931); é "o senhor das folhas, da ciência e das ervas", o "alquimista das plantas, o que detém o *aṣé* [força ou potência] que vem das plantas", o "curandeiro e botânico" e o "dono das plantas" (Tomáz, 2019, p. 39-40, 44); é o "médico dos *òrìṣàs*" (Frisvold, 2022, p. 71). A dupla Murilo Meihy e Eduardo Freitas (2021, p. 56, 59-60) escreve que Ossaim é "o orixá das folhas sagradas que curam o corpo, a alma e a cabeça dos homens"; que o nome de Ossaim é "invocado como sinônimo de um tipo de conhecimento de forte impacto social: o controle das propriedades medicinais e dos encantamentos das folhas"; e, de maneira sedutora e poética, terminam contando que o encanto de Ossain evoca significação: curar, apaziguar ou agitar; fortalecer, restaurar a sorte; cessar, desembaraçar, afastar os infortúnios da vida ou até mesmo "enfeitiçar".

A eternamente lembrada Mãe Stella escreveu ser Ossaim "o *oriṣá* que é louvado porque faz melhorar a saúde física e espiritual através do conhecimento que possui sobre o poder de cada planta"; que ele é "o médico que dá remédios para que a saúde melhore" (Santos, 2014, p. 8-9). Por essa razão, Ossaim é saudado com o título de *Alàgbo*, o "dono das ervas medicinais" (Cabrera, 1990, p. 73; Simpson, 1980, p. 42). Ossaim é "aquele que é invocado quando as coisas não estão bem", *Aképè nigbà òràn kò sunwòn*; é "o magro que quando recebe a roupa da doença se move como se fosse cair"; *Tíotio tin, ó gbà aso òkùnrùn ta gìègìè*; é "aquele a quem as pessoas agradecem sem reservas depois que humilha as doenças", *Ó gbà wón là tán, wón dúpé téniténi*

(Simpson, 1980, p. 43-44). "Pedimos para que nos livre da morte, nos livre da doença, nos livre do castigo injusto", *Ko si Iku. Ko si Arun. Ko si Àkóba* (Tratado [...], 2005, p. 23). Por fim, Luiz Rufino nos faz recordar ainda outro dos tratamentos mais importantes que o deus das folhas possui, dizendo que "Ossain passou a ser conhecido como *Oniṣegun*: o mago curador dos orixás e ancestrais" (Rufino, 2023, p. 27).

Bem, o leitor impassível já deve estar perfeitamente convencido de que Ossaim é visto como médico, curador e boticário. Da mesma maneira, está persuadido de que o poder e o conhecimento dos quais é dotado Ossaim advêm das florestas e de suas folhas. Mas quero insistir só um pouco mais no que Luiz Rufino aludiu como uma das saudações feitas a Ossaim, ou seja, como *Oniṣegun*. Rufino explica que esse encomiástico indica o "mago curador dos orixás e ancestrais". O que é de todo correto. Mas, se nos ativermos à palavra, ou melhor, à aglutinação das palavras,

Onisegun também poderá ser decomposto em *oni asé oògùn*, de tal forma a caber uma tradução mais literal, algo como "senhor da potência das drogas", ou "senhor da potência dos remédios/venenos", ou – com o perdão dos possíveis excessos que cometo agora – "senhor dos *phármakon*". Em razão desses "possíveis excessos", pago a prenda e conto uma história.

Muitos já conhecem o mito, contado e recontado por diversos autores de renome (Barros, 2011; Beier, 1980; Cabrera, 1990; Verger, 1997). Mas, para reforçar o argumento que vou desenvolvendo, me arrisco a contar mais uma vez. A história é mais ou menos assim: Orunmilá e Ossaim disputavam. Orunmilá dizia ser mais velho. Ossaim dizia ser mais velho. Orunmilá dizia conhecer os mistérios que resolviam problemas dos humanos. Ossaim dizia saber os segredos de cura das doenças. Orunmilá e Ossaim não paravam de brigar. Um rei, de um reino poderoso onde os dois rivais combatiam, avisou que poria fim ao conflito. Mandou que se apresentassem imediatamente e trouxessem seus filhos. Assim fizeram os dois, Orunmilá e Ossaim. Compareceram com seus filhos queridos: Sacrifício, filho de Orunmilá, e Remédio, filho de Ossaim. O rei teve uma ideia terrível. Ordenou que os meninos fossem enterrados vivos por sete dias. Depois desse prazo, eles seriam chamados pelo nome. Quem atendesse do fundo da terra provaria o poder e a superioridade de seu pai. Orunmilá e Ossaim aceitaram o desafio. Sacrifício e Remédio também. Uma ao lado da outra, duas covas foram abertas e os dois meninos foram enterrados vivos naquele dia. Orunmilá correu até sua casa. Ele foi consultar o oráculo de Ifá. O que é preciso fazer para que meu filho sobreviva? Ifá indicou um sacrifício com 16 búzios da costa, o que era bastante dinheiro naquela época, *ekuru*, que é um bolinho feito à base de feijão, e também um tanto de pimenta (*ataré*), um galo (*àkùkò*), um bode (*owunkò*), um pombo (*eyelè*) e um *ékuté*, uma espécie de roedor africano. Orunmilá correu para fazer o que havia sido indicado, colocando todas essas coisas para Exu em uma encruzilhada. Exu, poderoso como ninguém mais consegue ser, gostou dos agrados. E, sabendo do que se passava, resolveu ajudar. Acordou *ékuté* para a vida novamente e soprou em seu ouvido que deveria procurar o filho de Orunmilá debaixo da terra. *Ékuté* ouviu Exu, cavou um buraco e encontrou Sacrifício, passando a alimentá-lo. Remédio, o filho de Ossaim, enterrado bem perto de Sacrifício, notou o movimento e conseguiu, por sua vez, se comunicar com o filho de Orunmilá. Remédio disse: "Me ajude!". E Sacrifício respondeu: "Não posso! Se ajudo você, traio meu pai". Remédio insistiu: "Me ajude, e quando os homens do rei chamarem meu nome me manterei silencioso". Assim, Sacrifício e Remédio fizeram um pacto dentro da terra. Sacrifício alimentou Remédio para que este não morresse. No sétimo dia da disputa, o rei ordenou que gritassem os nomes dos meninos. Chamaram o filho de Ossaim: "Remédio!". Ele não respondeu. A segunda vez: "Remédio!". Silêncio. Mais uma: "Remédio!". E nada se ouviu. Então chamaram o filho de Orunmilá: "Sacrifício!". E de dentro da terra ele atendeu: "Sim!!!". Abriram as duas covas e descobriram que tanto Sacrifício quanto Remédio estavam vivos. Tudo foi explicado ao rei, que declarou a superioridade dos poderes de Orunmilá em relação aos de Ossaim. Assim se conta o conto sem mais um ponto.

Como eu havia prevenido, essa história é bem conhecida. Ela já foi reproduzida algumas vezes, com pequenas diferenças, por Lydia Cabrera, Pierre Verger, Ulli Beier e José Flávio Pessoa de Barros, pelo menos. E devo assinalar que José Flávio é o único desses autores a sugerir a origem do mito, encontrando-o no Odu Ifá Oshe Di, ou Ọ̀ṣẹ́ Òdí (Barros, 1993). Bem, fiz questão de escrever essa mesma história novamente aqui por um motivo. Note que a sentença que encerra a narrativa, feito uma moral de fábula, declara o triunfo de Orunmilá em relação a Ossaim, em poder e conhecimento e, por extensão, a superioridade de Sacrifício sobre Remédio. Sim, podemos concordar que o oráculo foi consultado e Exu se mexeu para ajudar. Mas é preciso lembrar algumas coisas. E uma delas é que os nomes dos filhos de Orunmilá e Ossaim são Sacrifício e Remédio, respectivamente, *ebó* e *oògùn*. Parte do argumento que venho desenvolvendo até agora conta com essa palavra, *oògùn*, que – como já deixei registrado – pode ser traduzida como remédio, veneno ou magia. *Ebó*, por sua vez, é a palavra usada para sacrifício ou oferenda, e está relacionada, necessariamente, às instâncias mágicas de solução dos problemas humanos (Karenga, 1999). Ora, ao contrário daquilo que é comumente extraído dessa história, quando então se conclui em favor da superioridade de Orunmilá e de seu menino, Sacrifício, me sinto inclinado a dizer que a sobrevivência dos dois filhos aponta para a necessidade de haver equilíbrio e parceria entre eles, entre *ebó* e *oògùn*. E é nisso que me parece residir a sabedoria do mito. Na verdade, me autorizo a concluir que não deve haver conflito entre Orunmilá e Ossaim, muito menos entre seus filhos, Sacrifício e Remédio; e que, obedecendo ao pactuado, Sacrifício salva Remédio e Remédio honra o compromisso com Sacrifício. Veja, esse é o princípio da medicina Iorubá, em que a associação dos rituais mágicos às terapias de cura é obrigatória. Simpson (1980) menciona a combinação entre as terapias tradicionais, que se valem do uso de folhas e raízes, com encantamentos e feitiços os mais variados. Os processos de cura podem supor a consulta oracular realizada por um babalawo – que poderá identificar a natureza do problema –, a indicação de medicamentos apropriados, a recitação de versos ou orações que despertam o *as̱é* (potência) dos ingredientes prescritos e a confecção de um sem-número de poções

(Simpson, 1980). Já Awolalu (2001, p. 74) nos faz saber que:

> o médico tenta combinar o poder de preparação medicinal com algum outro poder que é invocado e sem o qual o medicamento será inútil. Assim, quando os Iorubá falam de *oògùn*, isso geralmente envolve a preparação medicinal "normal" e os encantamentos. Um médico realiza sua tarefa de forma sistemática e ritualística quando invoca o espírito tutelar de Ossaim (a divindade controladora da medicina), quando presta homenagem aos espíritos e aos antepassados que fizeram a preparação antes dele, e quando faz as oferendas necessárias solicitando espiritualmente as bênçãos sobre a preparação.

O raciocínio do pesquisador nigeriano nos leva a pensar nas profundas diferenças entre as terapias tributárias da ciência médica "ocidental" e aquelas outras que, por exemplo, podemos encontrar entre os Iorubá e suas descendências diaspóricas. Logo, se por um acaso Orunmilá e Ossaim são frequentemente adversários – o que se comprova em outras histórias –, seus filhos, Sacrifício (*ebó*) e Remédio (*oògùn*), devem ser bons amigos, agindo sempre em conjunto, sem que nunca haja qualquer disputa de importância, poder ou senioridade.

Então, dizem que Ossaim é o bruxo e o feiticeiro; o médico, o curandeiro e o boticário. Mas Ossaim não deverá ser interpretado como um deus ambíguo, contraditório ou incoerente. E Ossaim também está bem longe de ser um personagem retirado de um livro britânico de ficção do final do século 19. A história, ou histórias, de Ossaim não se compara ao estranho caso do Dr. Jekyll e Mr. Hyde, o infeliz que era médico e monstro, dependendo da variação de seu humor. Não é bem assim. Creio a essa altura ter ficado evidente que não há contradição, paradoxo, transtorno bipolar ou esquizofrenia galopante no caso de Ossaim; sua condição de todo complexa como deus/ideia/personagem deve ser localizada nas qualidades que possuem as folhas para se tornarem *oògùn*, medicamento ou veneno. Ossaim é folha e, portanto, é a droga que cura, que mata e que enfeitiça. Como diz o adágio a Ossaim, *Ewé gbogbo kíki oògùn*, traduzido por Simpson (1980, p. 43) como "toda folha pode ser remédio"; ou, a partir do que já sabemos sobre o assunto, "toda folha tem a potência para se tornar medicamento ou veneno". É dessa maneira que Ossaim é o "deus encarregado das folhas" (Adéwálé-Somadhi, 2001, p. 158), e disso já sabemos. Com as folhas de Ossaim, toda a liturgia religiosa se torna possível; daí sempre ser dito *kosi ewé, kosi oriṣá*, que se pode traduzir como "sem folha, sem orixá", e, por extensão, sem as cerimônias propiciatórias de Ossaim não são possíveis as consagrações para qualquer orixá. Ele também é saudado com o título de

Àgbénigi, "aquele que tem sua casa nas árvores", ou *Agbénigi, òròmodìe abìdi ṣónṣó*, "aquele que vive nas árvores e que tem um rabo pontudo como uma estaca" (Simpson, 1980, p. 43). Então, o corpo de Ossaim é mais que a estranheza e a deformação: é a folha, a árvore e a floresta. O som que Ossaim produz com seu corpo é ouvido de longe, é o chiado que fazem as folhas quando são arrastadas pelo vento, o ruído das árvores torcidas pela tempestade: *Ti igi, ti igi, Alàgbo di ye'ra*, "como uma árvore, como uma árvore, é assim que o dono das ervas medicinais faz o som com seu corpo" (Simpson, 1980, p. 43). Por essa razão, dizem que **Ossaim é a própria floresta**. E, de maneira extensiva, dizem também que **Ossaim é o defensor da natureza, o botânico e o ecologista**. Ossaim é "o patrono da vegetação" (Santos, 1986, p. 34), é "a encarnação do mato" (Carneiro, 1978, p. 68), é o "dono da folhagem" (Sangirardi Jr., 1988, p. 99). Ele é "o *orisá* da fauna e da flora" (Aderonmu, 2015, p. 82), o "dono da natureza e a própria natureza" (Aróstegui, 1995, p. 135), "o senhor estrelado das matas e bosques" (Frisvold, 2022, p. 71), "a verdadeira e superior entidade [...] das matas" (Campos, [19--], p. 97). Por esse motivo, é Ossaim quem permite aos caçadores que cacem em seu interior. Mesmo divindades como Oxóssi, o herói de seu povo, e Erinlé, o grande matador de elefantes, só podem fazer uso de suas armas para derramar sangue na floresta com a autorização de Ossaim (Campos, [19--], p. 97). Eles são os grandes caçadores; mas só Ossaim é o senhor da fauna e da flora. Enfim, Ossaim é a floresta por antonomásia, a "pele vegetal de deus" (Tomáz, 2019, p. 13).

A essa altura, com todas as coisas que já disse sobre Ossaim, talvez a conclusão sobre sua *natureza* não seja mais que uma obviedade. Imagino que a associação de palavras seja agora desnecessária; mas, porque estamos falando do óbvio, é preciso insistir. Ossaim é folha, folhagem, flora, floresta, floração, vegetal, vegetação, mato, mata, matagal, mataria, selva, silvedo, silvado, brenha, ramo, rama, ramaria, ramagem, galho, árvore, arvoredo, arbóreo, arbusto... O leitor já entendeu o argumento. Ossaim é verde, e todas as variações do verde, e todos os sentidos do verde, e todas as possíveis metáforas do verde, e todos os matizes do verde. É... depois desse parágrafo, acho que devo pagar outra prenda.

Vou contar uma história anotada por Lydia Cabrera em seu livro de estreia, *Cuentos negros de Cuba*, publicado pela primeira vez na França, em 1936, e depois em Havana, no ano de 1940. Chama-se "Ossaim de um pé". É uma pequena fábula, inédita entre nós – pelo menos nenhum dos autores que investiguei para escrever este ensaio fez referência a ela –, envolvendo uma tartaruga disposta a assustar todos aqueles que tentassem colher uns inhames que ela tratava como se fossem seus. E, aliás, não eram. Chamaram os soldados do reino e o próprio rei, mas ninguém se atrevia a meter a mão na terra, todos acreditando que eram os inhames que gritavam e ameaçavam quem quer que chegasse por perto. Então decidiram chamar *Ossaim de três pés*, Orixá das ervas, "Santo adivinho", que prescreveu o sacrifício de três moedas de prata – "como três luas cheias" –, três caçarolas novas, três galos e três cocos. Mesmo assim, "os inhames" não paravam de berrar e aterrorizar. Sem sucesso, *Ossaim de três pés* recomendou que fosse chamado *Ossaim de dois pés*, por ser mais velho e mais sábio. *Ossaim de dois pés*, aquele que traz consigo as "Sete Folhas e as Mil Flores", disse que precisaria fazer sacrifício com duas moedas de prata, duas caçarolas novas, dois galos e dois cocos. Mas não funcionou, e "os inhames" continuavam a gritar e ameaçar. Sem ter conseguido resolver a situação, *Ossaim de dois pés* disse ao rei que era preciso chamar *Ossaim de um pé*, "que já era velho no mundo no tempo em que nasci". *Ossaim de um pé* era o mais sábio! Então *Ossaim de um pé* foi chamado. Ele chegou equilibrando sua única perna com a ajuda de um espinho comprido, fazendo as vezes de bengala. *Cán-cán-cán*, era o que se ouvia enquanto andava. Veio "do fundo da floresta, como uma árvore velha, torcida, rugosa, trazendo em suas costas os zumbidos de insetos e o enfeite dos sonhos de lagartos preguiçosos". Ele tinha o corpo de madeira e a pele feita de musgo. *Ossaim de um pé* disse que deveria ser preparado o sacrifício com uma moeda de prata, uma caçarola nova, um galo e um coco. E assim foi feito. Mas os inhames continuaram a gritar e ameaçar. Dessa vez, porém, *Ossaim de um pé* ordenou aos soldados: "Peguem os inhames!". Mas os homens do rei estavam paralisados de pânico. E *Ossaim de um pé* falou ainda mais alto: "Peguem os inhames!!". Os soldados, tremendo de medo, meteram a mão na terra e tiraram de lá a pobre da tartaruga. Ela já saiu chorando e pedindo perdão a *Ossaim de um pé*, que disse: "Ah, velha bruxa! Como se eu não tivesse reconhecido sua voz!". *Ossaim de um pé* quebrou o casco da tartaruga como castigo, e os inhames – que, afinal, nunca ameaçaram ninguém – foram finalmente colhidos. A tartaruga juntou os pedaços de sua carapaça e os colou, um a um. Depois disso, sentaram-se amigavelmente os dois, reconciliados, *Ossaim de um pé* e a tartaruga, fumando tabaco e tomando café. E assim "a noite inteira foi muito azul" (Cabrera, 1940, p. 237-246).

Imagino que o leitor cuidadoso deva estar se perguntando se cada detalhe dessa história esconde atrás de si um pequeno, ou grande, mistério. Acho que é prudente pensar assim. Não devemos crer na inocência das fábulas. E essa, com certeza, é um desses casos. De qualquer forma, preciso confessar não saber se dou conta das muitas possibilidades de interpretação que ela faz supor. Uma ou outra, talvez.

Para início de conversa, penso ser preciso lembrar que Lydia Cabrera nos deixou essa história de "Ossaim de um pé" sem esclarecer exatamente como chegou a ela. Devemos admitir, sem leviandade, ser correto confiar no que a própria autora relatou, ou seja, que ouviu de sua babá – Teresa de la Parra, a quem dedica o livro – todas as histórias que escreveu? Bem, não nos resta alternativa senão acreditar nessa informação. Mesmo assim, Fernando Ortiz, que assina o prólogo aos *Cuentos negros de Cuba*, nos previne que a própria narrativa em castelhano se colocaria como uma tradução e que, "seja dito com rigor, uma segunda tradução" (Cabrera, 1940, p. 9). Ortiz se referia ao fato de todas as histórias contadas ali serem fruto de múltiplas influências, africanas e cubanas, escritas a partir de um "idioma amestiçado e dialetal" que poderia ser ouvido nas ruas de Havana. Então, a fábula "Ossaim de um pé" é fruto de indetectáveis trânsitos culturais, provavelmente iorubanos, talvez bantu, quem sabe ewe, certamente populares, latino-americanos e diaspóricos. E, por esse exato motivo, uma história bem adequada para se contar aqui.

Ossaim ganha nessa fábula a forma de uma árvore muito antiga, antropomorfizada em um ecossistema de sonho e fantasia, um encantado, um *ent*. Ele tem um pé, como um tronco, o corpo torcido e rugoso, folhas e insetos espalhados por sua pele de madeira. A descrição desse corpo imaginado de Ossaim confirma o que dizem dele, como síntese poética da própria floresta e de todo o universo vegetal que representa. Seguindo essa imagem de árvore velha, cabe lembrar também que dizem que Ossaim não tem pai nem mãe, que "ele apareceu, não nasceu. Saído da terra. Igual à erva, não é filho de ninguém" (Verger, 2000, p. 230). O mesmo afirmam Lydia Cabrera e Natalia Aróstegui, seguidas mais tarde por Alzení Tomáz. Sobre essa perspectiva, Frisvold (2022) nos faz saber de uma história de Ifá que, segundo o autor, conta o surgimento de Ossaim no mundo como uma estrela caída do céu. Para o antropólogo norueguês, Ossaim

> [...] mergulhou no solo numa cidade chamada Ìràwò. Ìràwò significa "estrela" e, desse modo, o significado mais profundo de sua queda é o de que ele, como estrela, tornou-se o primeiro impulso de todas as formas de vida do reino vegetal. Assim como Òsányìn era uma estrela, de igual maneira toda planta é uma estrela crescendo na terra (Frisvold, 2022, p. 71).

Essa referência explicaria de onde provém o conhecimento de haver Ossaim surgido na cidade de Ìràwò, como já nos havia ensinado Pierre Verger (2002, p. 123). Não esclarece, porém, como estrelas geram ou se metamorfoseiam em plantas. De qualquer modo, interessa afirmar que Ossaim brota da terra, como toda criatura vegetal. Além disso, *Ossaim de um pé* veio "do fundo da floresta" (Cabrera, 1940, p. 242), o que nos obriga a recordar que Ossaim é a divindade da folha selvagem, não cultivada, não domesticada

(Bastide, 1961; Ligiéro, 2023). Pierre Verger (2002, p. 122) nos avisa que

> a colheita das folhas deve ser feita com extremo cuidado, sempre em lugar selvagem, onde as plantas crescem livremente. Aquelas cultivadas nos jardins devem ser desprezadas porque Ossain vive na floresta.

Dizendo de outra maneira, Ossaim não é um orixá agrícola. Repare ainda que *Ossaim de um pé* é também o mais velho e o mais sábio de todos os personagens apresentados nessa fábula. Ele se vale da experiência que possui para resolver o problema dos inhames que "gritavam", fazendo isso com menos recursos do que os outros dois acionados pelo rei anteriormente. Do mesmo modo, ele conhecia a tartaruga de longa data, não tendo sido em momento algum enganado por sua voz, o que lhe permitiu desmascará-la facilmente. Inclusive *Ossaim de um pé* parece ter com a tartaruga uma relação de autoridade, imediatamente revelada quando se encontraram. Podemos especular que isso ocorreu porque a infeliz foi exposta ao vexame de sua mentira; ou quem sabe por ter reconhecido Ossaim, sabendo muito bem quem é e o que pode fazer. Com a solução do impasse, os dois se puseram juntos, como velhos amigos, desfrutando da companhia do tabaco e do café, duas das folhas mais apreciadas por Ossaim. Sentados ali, envolvidos pela "noite muito azul", um era mais sábio, outro talvez mais infantil, o que é curioso notar, visto que muitas vezes a tartaruga é apresentada nas histórias tradicionais do povo Iorubá como um animal dotado de senioridade, que acumulou sabedoria por chegar a atingir idade muito avançada. O próprio Fernando Ortiz faz menção a essa característica quando se refere a outras fábulas contadas por Lydia Cabrera no mesmo livro (Cabrera, 1940, p. 9-10). Diante, porém, daquele que é a própria floresta, a tartaruga pareceu ser jovem e tola.

O que temos até aqui? Bem, o leitor já percebeu que dizem muitas coisas de Ossaim. Dizem que ele é maneta, perneta e zarolho; que é surdo de um ouvido e que tem essa orelha desproporcionalmente crescida; dizem também que seu corpo tem deformações e queimaduras graves; que tem a cabeça do tamanho de um melão, a boca torta e os dentes pontiagudos; que é assustadora sua aparência, assim como é de apavorar sua fama. Sim, porque Ossaim é o grande feiticeiro, o bruxo impiedoso e afamado, que junta folhas para fazer suas magicarias contra quem quer que seja e por qualquer motivo. Mas dizem que esse mesmo personagem é médico e farmacêutico, é botânico e defensor da natureza; que acumulou sabedoria com o tempo quase despercebido do mundo vegetal; que ele é a própria natureza, que seu corpo imaginado é feito de árvore, folha e musgo. Dizem que Ossaim é o senhor das ervas e que com elas são feitos os medicamentos, os venenos, os encantos; que com as ervas também são preparados os banhos de consagração para que os deuses antigos venham ao mundo, porque, como já sabemos, sem folha, sem orixá. Então Ossaim é aquele que salva, preserva e promove a vida; mas também é quem fere, confunde e mata.

Mas quanta confusão! Como explicar coisas assim, que parecem ser tão contraditórias?! Será que estamos autorizados a nos perguntar se Ossaim é bom ou mau, se é herói ou vilão, se é isso ou aquilo? Mas será que são questionamentos razoáveis? Acho que não. E, a esta altura, espero que o leitor também pense assim. Essas parecem ser perguntas erradas, que nos levarão, inevitavelmente, a respostas erradas. Espero ter proposto uma solução razoável a esse falso dilema, argumentando que Ossaim é folha; e que com a potência da folha se prepara *òògùn*, o remédio e também o veneno. Ossaim é sem sombra de dúvidas um deus com níveis de complexidade e mistério talvez incomuns, fazendo dirigir nossa atenção para pontos extremos e afastados da personalidade humana. Mas então é aí que podemos nos enganar.

Havia dito no início que os deuses são ideias, lembra? Que de alguma maneira eles são nossa imagem e semelhança cultural, não foi? E que se transformam em personagens quando contamos suas histórias? Pois é. Ossaim, como toda divindade, é um deus/ideia/personagem, portanto não humano, apesar do parentesco que lhe conferimos. É por esse motivo que tudo o que eu disse neste capítulo se refere às ideias sobre Ossaim e às caracterizações dele como personagem. Mas nunca será demais lembrar que Ossaim é uma divindade associada às folhas e a todas as coisas que podem ser feitas com sua manipulação. Ele não é uma criatura humana, ou quase humana, apesar de suas histórias com frequência nos fazerem crer em algo diferente disso. Por esse motivo, por ser um deus, não valem os critérios humanos de moralidade e até mesmo de tempo. Os deuses estão para além do que podemos conceber sobre nossas existências. E, mesmo assim, é de nossa natureza idealizá-los, criar seus corpos, suas histórias e seus dilemas. Eles são partes de nós. Mas não são como nós. Pobres de nós. E esse é o nó.

Uma última coisa. Ainda não falei nada sobre o final da conversa que tive com Omoadeifá sobre o estranho fato de Ossaim ser rouco; e fanho também. Foi de propósito. Confesso que queria trazer o leitor até aqui com o mesmo interesse que tem aqueles que leem uma novela policial ou um romance adolescente, quando o mistério ou o amor só se revelam nas últimas páginas. Desculpe se frustro a expectativa – o que, aliás, não poderia ser a mesma desejada com a leitura de um best-seller. Quero crer que conta em meu favor a confissão sincera.

Na verdade, comecei este capítulo contando o início daquela conversa porque foi através dela que consegui pensar um pouco melhor sobre os questionamentos que estava fazendo. Acabei me deixando levar por outros problemas que a pesquisa revelou sobre Ossaim, o que o tornou cada vez mais intrigante, fascinante e sedutor. Pois é... me apaixonei pelo personagem.

Bem... Dizem que Ossaim é rouco e fanho. Sua voz, como todo o resto que compõe seu corpo imaginado, não poderia ser comum. Alguma estranheza, alguma particularidade, qualquer coisa, deveria estar ali para fazer diferença. É claro que sim. E, não sendo isso o bastante, também recolhi informação contrária ao som grave que dizem produzir, sendo muitas vezes aguda a sua voz. Para alguns, Ossaim teria um timbre quase infantil, fazendo parecer um assovio. Quanto a ser fanho, mais de um mito o confirma – e mais adiante conto um deles para me ajudar no argumento. Quanto ao fato de ser rouco, a história é outra.

Omoadeifá me contou que Ossaim é rouco porque os sacerdotes que ele conheceu em Cuba relataram diversas vezes essa curiosa característica. Que os babalawos e feiticeiros que trabalham com Ossaim dizem falar com ele e – o mais importante – que ouvem suas respostas. E, por esse motivo, sabem que a voz de Ossaim é roufenha e cavernosa, de certa maneira deformada, como todo seu corpo imaginado parece ser. Lydia Cabrera havia contado o mesmo sobre isso, explicando que muitas vezes os sacerdotes que traziam os clientes para perto de seus assentamentos (representações da divindade) gostavam de impressioná-los com a apresentação desse diálogo insólito (Cabrera, 1990). Mas a pesquisadora cubana revelou-nos o "truque", afirmando que os grandes *ossanistas* de Cuba eram também excelentes ventríloquos. Veja só! Ossaim não falava coisa nenhuma; eram os sacerdotes, fazendo as vezes de atores de uma mal encenada *commedia dell'arte,* os responsáveis pela fala áspera do deus das folhas! Olga Cacciatore (1988), de maneira análoga, aludiu à capacidade de Ossaim se comunicar através das artes da ventriloquia. George Simpson (1980) e também Lydia Cabrera (1990), antes dele (em 1954), relataram algo semelhante quando se reportaram à bizarra voz de Ossaim, acrescentando que em algumas ocasiões ele até preferia assoviar. Que decepção! Bom... isso, é claro, se o leitor incrédulo preferir confiar nos pesquisadores, esquecendo que o mundo é mágico, surpreendente e incrível. Então, tudo bem, fique à vontade com seu racionalismo.

3 Ossaim, ele mesmo e seus outros

Antes de seguir em frente, quero pedir desculpas ao leitor tolerante. Veja, tentei iniciar este capítulo de algumas maneiras, mas nenhuma me agradou. Achei que poderia impressionar com uma saraivada de citações, coisa que talvez satisfizesse aos que são versados no assunto e aos outros que pensam ser. Pensei em fazer votos de humildade, indo direto ao ponto, sem distração ou preguiça, sem contar histórias, sem dar minhas costumeiras voltas de caracol. Mas não tenho essa habilidade e nem faço essa economia. Além disso, sempre me lembro daqueles pesquisadores que, mesmo sendo ótimos em seus ofícios, costumam sacrificar o bom uso de nosso idioma, tão querido, tão sonoro, em favor da sisuda correção científica. Acabam por colocar no papel um desarranjo de letras áridas, fazendo parecer pedras de ribanceira. Pois é... Nada que tentei teve resultado. Confesso, porém, que essa dificuldade se explica de um jeito simples. O fato é que eu tinha em mente um princípio que sempre considerei bom, mas singelo demais para o que se vai propondo por aqui. Então, como já não me restam alternativas razoáveis, vou começar com o que tenho.

Minha avó Nenzinha – pois é... que deus a tenha! – era dona de explicar a vida com provérbios populares. Para cada situação, grande ou pequena, vinha ela com sua sabedoria antiga: "água mole em pedra dura, tanto bate até que fura", "o costume de casa vai à praça", "quando um burro fala, o outro abaixa a orelha", "saco vazio não para em pé", "vaso quebrado não se cola", "quem fala o que quer ouve o que não quer", entre outras pérolas inesquecíveis. Um desses ditados, porém, ela repetia com maior frequência, ou assim sempre me pareceu. Ela dizia que "uma coisa é uma coisa, outra coisa é outra coisa". E falava isso muito a sério, com pausas e modulações de voz, como quem citasse Aristóteles, Spinoza ou Nietzsche. Ou Parmênides. Às vezes uso essa máxima para mostrar a diferença que as coisas têm. Sempre dá certo. Mas agora vou precisar contrariar minha avozinha. Porque, em certas ocasiões, e ao contrário do que muito se pode aprender com esses adágios de antanho, uma coisa é uma coisa, podendo ser outra coisa também. E, sendo essa coisa, continua a ser ela mesma e ainda a outra que passou a ser. Nenzinha querida, desculpe seu neto impertinente, mas uma coisa só talvez não seja só uma coisa.

O leitor angustiado deve estar se perguntando se valeu a pena perder seu tempo lendo os últimos dois parágrafos. Quero convencê-lo que sim. Porque tentei ser o mais delicado e afetuoso que pude para introduzir um dos assuntos mais difíceis, mais polêmicos e mais embaralhados que este ensaio se atreve a tocar. Falo do **sincretismo religioso** e de que maneira esse tema interessa para continuar revelando e introduzindo Ossaim. Entenda, não é fácil buscar sua definição; não é fácil afirmar a que propósitos atende – se é mesmo verdade que propósitos tem; não é fácil identificar formas para sua caracterização; não é fácil admiti-lo e é impossível repudiá-lo; enfim, não é nada fácil formular seu entendimento. Dito isso, vamos por partes e começando do começo.

Para abrir os trabalhos, a palavra sincretismo não tem uma origem etimológica precisa. Ela pode derivar do grego *synkretismós*, sugerindo a junção da partícula *syn* – que indica simultaneidade, ou ajuntamento, reunião e mistura – com a palavra que é usada para designar a ilha de Creta – que, por sua vez, tem uma história bem complicada para explicar de onde vem seu nome. Dessa maneira, sincretismo poderia ser pensado como a "reunião da Ilha de Creta" ou a "união dos cretenses". Admitindo essa leitura, ainda precisaria responder à questão sobre por que os moradores da ensolarada ilha precisariam se unir, a ponto de haver uma expressão específica para isso. Talvez encontremos resposta nas incontáveis vezes em que Creta foi invadida por estrangeiros ao longo dos séculos. Então, sincretismo traduziria o esforço de resistir aos invasores, dando uma conotação nada amigável ao termo. Outra versão para explicar de onde vem a palavra sincretismo é menos combativa. Ela propõe novamente a partícula grega *syn*, agora adicionada à palavra latina *credo*, que quer dizer creio. Desse modo, sincretismo é uma "reunião de crenças". Repare que, nesse caso, *o próprio vocábulo reúne duas tradições diferentes, a grega e a latina, para expressar uma ideia.*

Bem, talvez a "reunião de crenças" seja a interpretação mais aceitável sobre o sentido que costuma se buscar da palavra sincretismo. Mas então temos outro problema. Porque crenças reunidas – e perceba: crenças, no plural, portanto, diferentes, variadas crenças reunidas, mantendo cada uma delas sua singularidade – é algo que poderá definir outra ideia: ecumenismo. Os gregos usavam *oikoumenikós* para se referirem a algo universal, comum a todos. Posteriormente, ela apareceu em latim, *oecumenicus*, ambientada ao contexto cristão da Europa medieval, como expressão de uma fé universalizadora. Ora, de que maneira o ecumenismo e o sincretismo seriam diferentes? Aqui é necessária uma definição bastante didática para arrumar as coisas: atualmente, o ecumenismo prega o convívio harmonioso de diferentes crenças, respeitando suas particularidades e considerando que são maneiras distintas de cultuar um mesmo deus (ou deuses); já o sincretismo quer encontrar semelhanças entre entidades diferentes, afirmando que existem semelhanças, parciais ou completas entre elas, a despeito das particularidades que venham a ter. E esse é um ponto que me parece fundamental.

Veja, o sincretismo é um fato irrecusável. E isso não pode parecer de maneira alguma uma revelação. Mas posso me atrever a ir um pouco mais longe afirmando que o sincretismo define o fenômeno religioso (Athayde, 2023). Não é uma característica secundária, ocasional ou periférica; é *uma categoria elementar,* designante e, a essa altura, constitutiva e fundadora de qualquer expressão religiosa, seja através de suas manifestações históricas e sociais, seja a partir de suas atividades litúrgicas ou concepções teológicas. Então não me parece cabível colocar em debate se o sincretismo ocorre ou não nesta ou naquela "encarnação" religiosa, se devemos criar escalas de valor sobre ele ou se são "verdadeiras" ou "mentirosas" suas manifestações. O sincretismo é um fato – repito – irrecusável. E ainda acrescento:

ele é inquestionável, irreversível, irrevogável e irreprimível. Mas não sem problemas.

Então o leitor cosmopolita talvez acredite que divindades de diferentes culturas tenham aspectos comuns que permitam sua aproximação e identidade; talvez creia também que se trata na verdade das mesmas entidades, apenas com nomes diferentes. Pois é, assim ocorre boa parte das vezes com o sincretismo, associando o que não é idêntico a partir de alguns poucos traços de semelhança. E observe que muitos esforços foram feitos nos últimos 120 anos para explicar esse curioso fenômeno que ocorre com as religiões de matrizes africanas. Muitas palavras tentaram alcançar seu entendimento, como mistura, intermistura, entremistura *(é sério!)*, interfusão, contaminação, acomodação, adaptação, justaposição, equivalência, aproximação, aculturação, superposição, acordo, resistência, sobrevivência, dominação, analogia (Boff, 1994; Fernandes, 1941; Ferretti, 1995; Valente, 1977). Cada uma delas tentou dar conta de certo comprometimento teórico ou ideológico. De qualquer modo, o que parecem ser formas gentis de aproximação pode igualmente esconder maneiras muito perversas de silenciamento e ignorância. Porque, sendo um fato irrecusável, o sincretismo também é um problema insolúvel.

Devo então confessar agora o que penso do sincretismo religioso: ele é um **comércio de perdas**, resultado de **afinidades seletivas**, adequando ou assemelhando diferentes entidades (deuses, ancestrais divinizados, criaturas monstruosas) que frequentemente produzem o que identifico como **combinação enviesada**. Vou me explicar.

Chamo de **afinidades seletivas** aquelas que, em favor de alguns poucos traços de semelhança, abandonam inúmeras características singulares. O sincretismo frequentemente nos coloca diante de uma falsa tentativa de solução conciliadora, onde cedem uns, cedem outros, todos em favor de uma pretendida concordância. É o que se dá, por exemplo, com o índice da maternidade, representado por Iemanjá e Virgem Maria; ou o caráter guerreiro de São Jorge e Ogum; ou o domínio sobre as tempestades de Santa Bárbara e Oyá; ou ainda a sabedoria, a temperança e a senioridade de Oxalá e Jesus Cristo. Em todos esses, e em outros casos, ocorre a seleção de um aspecto de personalidade, sendo afastados aqueles que não se podem adequar. Com os mesmos exemplos, lembro que Iemanjá dorme com homens e dá prazer a eles; que Ogum mata seres humanos e se banha com o sangue de seus inimigos sem arrependimento; que Oyá é a mulher sensual, a guerreira invencível, a tormenta e o búfalo furioso; que Oxalá costuma não perdoar e ser intolerante com a má conduta dos mortais, chegando mesmo a amaldiçoar os próprios filhos quando saem da linha. Entenda: orixá não é santo da igreja.

Quando digo que ocorre o **comércio de perdas** quero com isso afirmar que o sincretismo religioso renuncia frequentemente à potência que têm as divindades em nome de uma fidelidade seletiva. Não vamos esquecer que o fenômeno sincrético corresponde a dinâmicas socioculturais; que o contato através da história de diferentes grupamentos humanos permitiu trocas, adaptações, apropriações, violentas umas, pacíficas outras, em todas sendo sempre difícil acompanhar o rastro que deixaram. Perceba que não cabe chancelar modalidades sincréticas, muito menos acusá-las de ilegítimas. Mas não deve haver dúvida sobre o fato de ocorrerem perdas quando duas entidades são aproximadas, identificadas ou mimetizadas. Muito de suas características podem ser recusadas ou esquecidas, transformando suas identidades em outra coisa além daquela que havia sido. Ganhos? Talvez. Perdas? Certamente!

Por fim, nomeio de **combinação enviesada** aquelas associações sincréticas entre entidades de caráter, potência ou grandeza diferentes. Isso se dá quando um ancestral divinizado (um santo da Igreja cristã) é *aproximado* a uma divindade (um orixá), ou uma divindade (um orixá) a uma criatura mitológica (uma sereia, por exemplo). O leitor instruído poderá trazer à baila a polêmica que esse tema sugere, lembrando que alguns orixás são ancestrais divinizados. É verdade. Mas isso não é sempre aplicável, sendo correto pensar assim nos casos de Odudua e Xangô, mas inaceitável para os de Exu ou Oxalá. De qualquer maneira, quero argumentar que esse tipo de sincretismo contribui para o que chamo de comércio de perdas, na medida em que desvia ainda mais a potência dos deuses, quando os assemelha a um homem santo ou a uma mulher com rabo de peixe. Uma coisa é uma coisa, e outra coisa é outra coisa. Mas, como avisei que contrariaria minha avó, uma coisa é o que é, sendo ela mesma, e ainda outra que passa a ser.

Não pretendo perturbar ninguém com essas aventuras teóricas. Mas ainda me parece necessário afirmar que as modulações sincréticas, com suas virtudes ou vícios, podem muito bem ser consideradas outras expressões de tradução. Ou, como tenho desejado, de intradução – lembrando: inesgotáveis formas de traduzir um mesmo nome ou palavra. Ossaim é um deus metido em um cipoal de referências, sendo sempre, e cada vez mais, complexo, estranho e obscuro. As possíveis interações com entidades de outros credos e culturas só confirmam essa ideia. São maneiras de seguir intraduzindo seu nome e sua identidade. Então vamos a elas, sem elogio ou condenação.

Como divindade das folhas, Ossaim ganha nomes diferentes em lugares diferentes da África e da diáspora afro-americana. É relativamente comum a afirmação das identidades de Ossaim (orixá/ketu), Agué (vodun/jeje) e Katendê (inquice/angola) (Fonseca Jr., 1995; Lody, 1995; Valente, 1977). Em todos os casos, divindades associadas às florestas, à medicina e ao feitiço. Mas segundo Natalia Aróstegui (1995) a coisa é um pouco mais complicada. A autora cubana nos informa que

> [...] seu nome completo é *Osain Oguenegui Aguaddo Kuni-Kuni*, ainda que também se conheça como *Osain Agguchuiye*. Em fon, é chamado de *Aroni*. No Haiti: *Ossangue* e *Loko*. Entre os arará, é *Gurunfinda*, assim como *Palo*. Em kimbisa, é *Sindaula Ndundu Yambata Butan Seke* (Aróstegui, 1995, p. 136).

Note que, além dos nomes e sobrenomes que Ossaim vai ganhando pelos lugares que passa, ele também é sincretizado com Aroni entre os Fon. Verdade seja dita, não existe clareza sobre a natureza de Aroni. Ele muitas vezes é apontado como servo, escravo ou ajudante de Ossaim; em outras, é um pássaro, que por sua vez é os olhos e ouvidos de Ossaim na floresta; em alguns casos, seu corpo imaginado é descrito de igual maneira ao de Ossaim; por fim, ele é estranhamente tomado como o "espírito da floresta", enquanto Ossaim é o mero portador de seus poderes. Mas isso ainda fica mais interessante.

Ossaim tem inúmeras modalidades sincréticas com os santos da Igreja Católica. Lydia Cabrera (1990, p. 73) mencionava que em Cuba ele era "catolizado" com Santo Antônio Abade e São Silvestre. Natalia Aróstegui (1995, p. 138) acrescenta que "se sincretiza com São José (19 de março), São Benedito (21 de março), Santo Antônio Abade (17 de janeiro) e São Silvestre (31 de dezembro)". E também São Raimundo Nonato. A autora se digna a comentar que Santo Antônio Abade, protetor dos coveiros, "vivia isolado da sociedade, acompanhado somente de animais selvagens", o que "ajudou a estabelecer sua associação com Ossaim". De São Silvestre, papa dos primeiros tempos do cristianismo, Aróstegui não encontra qualquer possível relação com Ossaim além do nome!

No Brasil, Ossaim é sincretizado com São Benedito (Cacciatore, 1988; Magalhães, 1977; Sangirardi Jr., 1988), Santo Expedito (Fonseca Jr., 1995) e Santo Onofre (Campos, [19--]; Ramos,

1942; Valente, 1977). E sobre este último homem santo vale atenção especial.

Reza a tradição que Santo Onofre foi encontrado andando a esmo em uma zona desértica do Egito pelos idos do século 4. Quem primeiro deu notícia de sua existência foi um abade de nome Pafnuco (ou Pafnucio), que tinha o curioso costume de visitar os ermitões que desejavam se manter isolados. Esse sacerdote peregrino nos contou que depois de alguns dias de caminhada se viu diante de um homem muito magro e com uma barba que chegava ao chão. Disse também que vestia uma espécie de coberta feita toda de folhas, que lhe caía dos ombros até os pés – outra versão nos dá conta que usava apenas um saiote de folhas e que cobria o tronco com peles. Indagado por Pafnuco quem era, o ancião respondeu que se chamava Onofre; que havia pertencido a um mosteiro, mas que achou por bem se isolar em uma caverna, bebendo água da chuva e comendo tâmaras. E assim estava lá, sem encontrar ninguém – e, portanto, sem falar com ninguém – há 70 anos! Setenta! Pafnuco, que contribuiu para quebrar um dos votos de silêncio e isolamento mais longos da história cristã, recolheu-se aquela noite com o ermitão, rezando e ceando as tâmaras que deus lhes concedia como uma bênção. Na manhã seguinte, Onofre pareceu doente e se despediu do abade, pedindo que encomendasse sua alma e que contasse sua história a todos. Logo depois da extrema-unção, o eremita morreu (Guimarães; Prôa, 2000).

Desculpe a insistência, mas aqui encontramos um ótimo exemplo do que eu dizia sobre o tal comércio de perdas, as afinidades seletivas e a combinação enviesada. Senão, vejamos. O que aproxima Ossaim de São Silvestre? Tanto quanto saibamos do benevolente papa do século 4, apenas o nome! E o que identifica Ossaim com Santo Onofre? Além do isolamento, miseravelmente interrompido pelo abade Pafnuco, o saiote ou a coberta de folhas? Além disso, mais nada. Nesses dois casos, os mais expressivos e frequentemente citados do sincretismo com entidades cristãs, Ossaim é totalmente despotencializado. A intradução de Ossaim como um santo da Igreja Católica seria estranha como a de qualquer outra divindade iorubana. Afinal, é uma combinação enviesada entre um ancestral, ungido pela memória de seus fiéis, e uma deidade das ervas, cujo poder está nas florestas (não em um deserto ou na Basílica de São Pedro) e na farmacopeia que salva e dana. O comércio de perdas de que sofre Ossaim me parece aqui inquestionável, graças à afinidade seletiva permitida por um nome silvestre e uma tanga, ou manta, feita de folhas. Mesmo assim, Ossaim segue sendo São Silvestre e Santo Onofre.

No caso das terras brasileiras, Ossaim pelo menos foi associado a entes que mantêm sua identidade e pertencimento junto às matas. São os casos do Curupira, ou Caapora, e do Saci. Manuel Querino já apontava a relação entre

Ossaim e o Caapora, escrevendo que "Ossonhe é um outro orixá e corresponde ao Caipora, que só tem uma perna", e ainda acrescenta que o Caapora, ou Caipora, "veste as feições de um índio, anão de estatura, com as armas proporcionais ao seu tamanho" (Querino, 1938, p. 48). Arthur Ramos (1946) fez a mesma relação entre Ossaim e Caapora. Câmara Cascudo (1988, p. 177) nos ensina que o Caipora "é o Curupira tendo os pés normais", que mora "no interior das matas, nos troncos das velhas árvores", porque, para quem não sabe, o Curupira é uma entidade defensora das florestas de Pindorama, que tem os pés virados para trás, enganando quem se atreve a entrar no mato sem sua permissão. O folclorista potiguar escreve ainda que ele é "representado por um anão, cabeleira rubra, pés ao inverso, calcanhares para frente". Ainda nos diz que a primeira referência que se encontra do Curupira foi feita pelo padre jesuíta José de Anchieta, em uma carta de 30 de maio de 1560.

Aparentemente assustado, o sacerdote cristão, com toda sua "boa vontade evangelizadora", dizia que "é coisa sabida [...] que há certos demônios a quem os brasis chamam de corupira, que acometem aos índios muitas vezes no mato, dão-lhes açoites e matam-nos" (Cascudo, 1988, p. 273); que os indígenas faziam oferendas para essa entidade para que não lhes fizesse mal, para que não se perdessem na floresta, não os batessem nem matassem. Câmara Cascudo (1988, p. 273) alerta que "nenhum outro fantasma brasileiro colonial determinou oferenda propiciatória". Veja só!

É claro que o leitor aplicado notou as semelhanças entre Ossaim e Curupira. Ambos estão associados ao mato bravio, defensores da fauna e da flora, donos de corpos peculiares e condutas que fazem duvidar de seu "bom caráter", digamos assim. Pois é... Nem Ossaim nem Curupira são "bons selvagens". Assim como ocorre com seu congênere africano, o corpo imaginado do Curupira se multiplica em estranhezas, tendo olhos de fogo, dentes azuis ou verdes, dono de orelhas enormes, calvo ou de cabeleira vermelha, peludo ou pelado, e os já mencionados pés contrários. Mas ao Curupira ainda faltavam os conhecimentos medicinais das ervas e seus usos para a feitiçaria – coisa que devemos agradecer por Anchieta não ficar sabendo, justo ele que encontrava o demônio entre duas folhas de bananeira. A tal "maldade" que ele revelava era castigo por não respeitarem certas regras da floresta, entrando na mata sem licença ou caçando sem permissão. Ossaim não age de maneira diferente.

Só para não perder o costume, além de Manuel Querino, Artur Ramos e Câmara Cascudo, referem-se ao sincretismo entre Ossaim e Curupira, ou Caapora, diversos outros autores (Bastide, 1961; Cacciatore, 1988; Campos, [19--]; Carneiro, 1978; Ligiéro, 2023; Sangirardi Jr., 1988).

Ossaim também é sincretizado como o carismático Saci-Pererê – ou Pêrrêrê, Perêrê, Péréré, Sererê, Cererê, Ceperé, Tatêrê, Siriry,

Serumpererê, Saperê, Saderê, Perereca, Sacy--Trique, Sacy-Mofera (Lobato, 1998). E as razões são semelhantes àquelas que o identificam com o Curupira, seja pela aparência sempre assustadora, fealdade, ou caráter, seja pela variedade de aspectos de seu corpo imaginado – às vezes com ferozes dentes caninos, chifres diabólicos, pelados ou peludos – ou pela defesa da mata. Somam-se a esses traços de afinidade o fato de o Saci sempre ser descrito com um pito na boca e ter um só pé. Ora, já havia feito referência a esses dois traços peculiares para a caracterização de Ossaim: o gosto pelo fumo e sua condição "unipedal", como Câmara Cascudo (1988, p. 556) gostava de dizer. Um pé só, seja Ossaim, seja Aroni (Beier, 1980). Lydia Cabrera (1990) e Natália Aróstegui (1995) também faziam referência ao fato de Ossaim estar sempre fumando e pedindo fogo para seu cachimbo. Odé Kileuy e Vera de Oxaguiã se referem a essa associação entre Ossaim, Aroni e o diabrete de gorro vermelho, mencionando a única perna e o inseparável pito. Mas alertam que devem parar por aí as afinidades seletivas. Segundo esses autores, Aroni não faz travessuras, não esconde nada de ninguém, não dá susto e nem faz parte de histórias infantis (Barros, 2009). E, só para não deixar nada de fora, as histórias do Saci-Pererê contam molecagens: nó em crina de cavalo, bolo solado, vento para levantar as saias das moças. Nunca ensinaram histórias, uma única vez sequer, sobre como aliviar dor de barriga ou afastar a morte prematura com uma folha selvagem. Mais uma vez, o comércio de perdas tirou suas moedas do mercado, roubou de Ossaim sua divindade e seu conhecimento das ervas medicinais. As afinidades seletivas o fizeram parecer uma assombração de beira de estrada, que põe medo nas crianças mal-educadas e anima a conversa dos mais velhos. Mesmo assim, e apesar de tudo isso, Ossaim também é o Curupira e o Saci.

A esta altura, o leitor deve ter se cansado de ler sobre as coisas que são e não são. Quero crer que deixei bem claro o fato de o sincretismo religioso ser irrecusável, tanto quanto é difícil e até inconveniente. Que não cabe insistir que "uma coisa é uma coisa, outra coisa é outra coisa", como dizia minha avozinha amada. Mesmo contrariado, devo admitir que uma coisa é ela mesma e é outra também. E que as crenças que tenho não podem servir de critério rígido para conhecer o que creem os outros. A isso podemos dar nome de intolerância e estupidez.

Mas não quero terminar este capítulo sem dizer que há uma maneira de conhecer as adaptações de Ossaim como ganhos reais, sem o comércio de perdas que acusei o sincretismo de produzir, sem as afinidades seletivas ou as combinações enviesadas. Ossaim é folha, não podemos nos esquecer. E, onde quer que ele esteja, será folha. Folha selvagem, sempre; e folha cultivada também, adaptada às necessidades do mundo moderno, com os erveiros que vendem nos mercados, com os sacerdotes que cultivam no fundo do terreiro para o uso da casa. Ossaim sempre será folha. E, sendo folha, ele é o *iroco* africano, traduzido no Brasil como a gameleira-branca; é o *kúnkúndùnku* de lá e a folha de batata-doce de cá; o *etìpólà* e o pega-pinto; o *odúndún* e a folha-da-costa; o *pèrégún* e o pau-d'água. Acho que me fiz entender. Ossaim se deixou traduzir nas folhas. Porque sempre será preciso fazer remédio com as folhas que crescem perto de nosso chão. Ossaim, sendo folha, é ele mesmo e seus outros.

4 Ossaim e suas coisas

Costuma ser difícil distinguir o que é fundamental do que é dispensável. Nem sempre bastarão os argumentos de utilidade, significado, valor ou poder. Isso porque muitas das vezes o que tem relevância é condicionado apenas por escolhas. Os critérios de preferência e os resultados da triagem que fazemos sempre serão questionáveis, como de resto tudo poderá ser. Confesso então ao leitor judicioso que esse é o caso que aqui se apresenta. Fiz escolhas, por moderação ou deficiência, para apresentar algumas das formas de louvor e representação mais evidentes de Ossaim, suas cores, objetos votivos, comidas e oferendas, cerimônias e mesmo até os arquétipos que têm – se é verdade que tenham – seus filhos espirituais. Vamos a elas.

Sobre **as cores** usadas nos adereçamentos de Ossaim ou em seus colares de contas – os *ìlẹ̀kẹ̀* –, é preciso dizer que não há consenso, nem sobre as tonalidades que possuem, nem sobre as combinações que podem ser feitas com elas. Bem, a essa altura ninguém pode se espantar com isso. O leitor perspicaz, que vem acompanhando com atenção os argumentos deste pequeno ensaio, já deve ter concluído que as coisas com Ossaim nunca são simples mesmo. Essa controvérsia cromática – digamos assim – talvez possa ser explicada se tivermos em vista as diversas tradições que formaram as casas de candomblé e umbanda, suas referências afrodiaspóricas, as cidades africanas de onde se originaram ou as diferentes "qualidades" atribuídas a Ossaim (Conduru, 2007;

Lody, 1995; Vieira, 2019). De qualquer forma, e pelo que pude apurar, no Brasil os fios de contas são elaborados com miçangas verdes, vermelhas e brancas, intercaladas uma a uma; ou verdes e brancas (Verger, 2002); ou verde-escuras e verde-claras; ou verdes e brancas, rajadas de verde-claro; ou apenas brancas, rajadas de azul; ou brancas, rajadas de rosa e verde, intercaladas por contas verdes; ou verdes, rajadas de marrom e vermelho; ou ainda somente verde-escuras (Lody, 2001). O pesquisador Zeca Ligiéro (2023) acrescenta outras combinações, como o verde com o amarelo, ou o verde com o branco e o marrom; Mario Cesar Barcellos (2019) indica o verde, o branco, o amarelo e o roxo como as cores de Ossaim; Cacciatore (1988, p. 199) fala de "miçangas leitosas vermelho e azul, ou verde"; Elyette Guimarães de Magalhães (1977) já menciona as contas vermelhas ou azuis; Eduardo Fonseca Jr. (1995) indicava o uso de contas verdes e brancas ou verdes e vermelhas; Edison Carneiro (1978), por sua vez, apontava o verde e o rosa como suas cores principais. E assim seguem as variações. Acompanhando as tradições latino-americanas, em particular a influência cubana – e, a partir dela, venezuelana, colombiana e mexicana –, os fios de contas são feitos com o uso de todas as cores. É preciso lembrar que no Brasil essa policromia é geralmente encontrada nos adereçamentos dos Ibejis, os gêmeos divinos. Não consegui resposta sobre o porquê dessa semelhança ou – ainda menos provável – a familiaridade que possam ter. Francamente, esse já seria assunto para uma nova pesquisa.

Dentre os **objetos votivos** ou representações simbólicas de Ossaim, o mais conhecido é o *ọ̀pá Ọ̀sányìn*, cajado ou cetro de Ossaim. Essa ferramenta é feita com sete pontas de metal voltadas para cima, tendo a do meio um pássaro que lhe pousa no alto. Talvez essa seja uma das poucas ocasiões em que encontrei acordo entre os autores, sacerdotes e devotos, sobre alguma coisa que diga respeito ao deus das matas (Barros, 1993; Bastide, 1961; Cacciatore, 1988; Frisvold, 2022; Ligiéro, 2023; Magalhães, 1977; Ribeiro, 1969; Thompson, 1975; Valente, 1977; Verger, 2002; Vogel; Mello; Barros, 1993). Se a imagem é apresentada em duas dimensões, três setas ficam dispostas à direita, três outras para a esquerda, e a central tem o pássaro encimado. Verger compara essa imagem a um "leque". Sendo um objeto tridimensional, a haste média terá o pássaro na ponta e manterá a estrutura em pé, enquanto as outras seis setas partirão do meio daquela primeira, formando uma espécie incompleta de rosa-dos-ventos, ou, como prefere José Ribeiro (1969, p. 96), "como as varetas de um guarda-chuva virado de borco".

Sobre essa representação simbólica, é ainda importante destacar uma ou outra coisa. E a primeira diz respeito ao fato dessa imagem de devoção a Ossaim curiosamente não possuir nenhuma folha em seu arranjo – ou é isso o que parece ser. Falei sobre o assunto com sacerdotes e pesquisadores. Alguns sorriram e não souberam dar resposta; outros disseram que as pontas achatadas das hastes sugeririam as folhas; outros ainda me revelaram que originalmente o desenho era feito com sete galhos e sete folhas, e o que conhecemos hoje é uma simplificação ou alegoria do que tradicionalmente era usado para representar Ossaim. Marta Heloísa Salum e Wagner Souza e Silva (2006, p. 301), pesquisadores da área de antropologia dos materiais, avançam um pouco mais adiante no debate, sugerindo que,

> por associação formal com os galhos e ramos de uma árvore, pode-se afirmar, sem escrúpulos, que uma ferramenta de Ossaim além de *parecer* uma árvore, é uma árvore, quando tomada em sua forma esquemática.

O mesmo valendo para as pontas das hastes do *ọ̀pá Ọ̀sányìn,* que representam folhas, e não pontas de flechas (Salum; Silva, 2006). Por fim, é possível encontrar nos mercados de artigos religiosos afrodiaspóricos o cetro de Ossaim feito de ferro, mas com a representação de um tronco de árvore com sete galhos, tendo uma folha em cada uma de suas pontas; ou ainda com galhos e folhas que aparecem entrelaçados nas hastes que lhe dão forma. Aqui talvez seja o caso de dizer que cada artista dá sua própria interpretação, respeitando a estrutura básica das sete varetas e do bicho de asas abertas, que vai na ponta do meio.

Uma segunda observação é relativa ao pássaro que se equilibra na haste central. Ouvi de alguns sacerdotes que ele é a expressão de Aroni, o ajudante, servo ou escravo de Ossaim. Isso só se pode pensar se levarmos em consideração a possibilidade dessa já curiosa entidade ser também um passarinho. O que não é de todo desprezível. De qualquer maneira, a ave, como criatura e elemento simbólico, cumpriria a tarefa de ser os olhos e ouvidos de Ossaim, conferindo a ele uma espécie de onisciência e onipresença nas florestas (Salum; Silva, 2006; Verger, 2002). Quanto a qual pássaro se veria representado, voltamos ao emaranhado das diferentes versões sobre o tema. Alguns autores se referem a *e̱ye̱*, ou *e̱iye̱*, como o pássaro de Ossaim. O problema é que *e̱ye̱*, ou *e̱iye̱*, é meramente a tradução para pássaro, dando origem, por exemplo, a *e̱iye̱lè* (pombo), ou *e̱ye̱tù*, ou *e̱tù* (galinha-d'angola). Então é difícil escolher entre um equívoco de tradução e a possível abrangência do domínio de Ossaim sobre todos os pássaros. Certo é que as "aves que falam" são associadas ao deus das folhas, em particular o papagaio-cinzento (*Psittacus erithacus*), também conhecido como papagaio-do-gabão, papagaio-do-congo ou papagaio-unga-bunga. A plumagem que tem é toda cinza, com exceção da ponta de sua cauda, cuja cor é de um vermelho intenso. Essas penas são chamadas de *e̱kódidè* – nome que muitas vezes se estende ao próprio papagaio-cinzento – e são de grande importância para as consagrações religiosas de matriz iorubana. José Flávio Pessoa de Barros (1993), por sua vez, nos informa que a ave de Ossaim é o pequenino *ọ̀pẹẹ̀ré* (*Pycnonotus barbatus*). É provável que essa seja a orientação mais segura a que temos acesso sobre o assunto. O pesquisador carioca nos brinda inclusive com uma cantiga que diz *ọ̀pẹẹ̀ré Òsányín s'ibú / kúrú ìde akàká,* que se traduz como "*ọ̀pẹẹ̀ré* de *Ọ̀sányín* voa profundo / o pequenino não muda a natureza" (Barros, 1993, p. 121). Talvez seja exatamente a razão do tamanho reduzido o que tenha feito os babalawos da diáspora afrocubana anotarem o *zunzún*, ou beija-flor, como o pássaro que se associa a Ossaim – como se pode ver, por exemplo, no Odu Ifá Ogunda Otura, ou Ogunda Tetura (Tratado [...], 2002). Pude também encontrar outras referências associando o pássaro de Ossaim ao(s) pássaro(s) da(s) Iyá mi Oxorongá (Barros, 2009; Salum; Silva, 2006; Simpson, 1980;

Verger, 2002). É claro que, se admitirmos essa interpretação, reconhecemos do mesmo modo a relação que esses pesquisadores veem entre Ossaim e as Ajé. Desnecessário dizer que temos aqui mais um tema igualmente capaz de gerar nova e extensa investigação.

Já o assentamento – o *ojúbo̲*, o objeto de devoção, o "fetiche" – de Ossaim não tem necessariamente relação com as sete pontas e seu pássaro. Lamento não poder falar muito sobre essa matéria. Trata-se de um dos muitos segredos que envolvem Ossaim, sendo o acesso a essas informações permitido apenas aos sacerdotes iniciados em seu culto. O que me atrevo a deixar indicado aqui é o que já se sabe do assunto, sem que qualquer revelação comprometedora tenha sido feita. Mesmo porque os pesquisadores que relataram algo sobre esse tema não ultrapassaram os limites iniciáticos; e se tivessem chegado tão longe não poderiam, como eu, divulgar nada além do que se segue. Prevenidos disso, creio ser capaz de informar que Ossaim é assentado em uma grande cabaça ou recipiente de barro (Cabrera, 1990). Ele é acompanhado de uma estatueta de madeira representando Aroni – o *Obakere Aboran* – e outro objeto feito de uma pequena cabaça, adornada com penas e contas de diferentes cores, mais parecendo uma peteca, de nome *elegidi* ou *aweru* (Tomáz, 2019). O que vai lá dentro desses artefatos e como são as cerimônias para sua consagração, já não posso revelar – a menos que estivesse disposto a trocar a vida pela vaidade intelectual.

Ossaim, como todas as outras divindades iorubanas, recebe **oferendas** em forma de flores (de preferência as do campo), comidas e bebidas votivas, além de sacrifícios de sangue. Não quero cair agora na arapuca de tentar explicar por que são realizados, que importância têm ou quais demandas atendem. Digo apenas que essas tradições são milenares e não se restringem às religiões politeístas – africanas, europeias, asiáticas, oceânicas, americanas –, sendo também conhecidas por outras referências monoteístas. Digo também que a ocasião e a necessidade ditam o que será sacrificado aos pés da divindade, não sendo razoável imaginar fórmulas predefinidas para as oblações. Caberá aos sacerdotes indicarem o que será adequado para cada específica circunstância. Não quero que pareça ingenuidade ou presunção de minha parte, mas peço ao leitor devoto que não saia por aí fazendo oferendas sem antes consultar quem conhece do assunto. Dizendo de outra maneira, o que se segue não é um manual para ofertórios, mas um repertório de oferendas.

Sobre os **animais** que podem ser sacrificados, a lista é grande e diversificada. Novamente, invoco o que já sabemos sobre Ossaim e suas muitas intraduções. Aróstegui (1995, p. 135-136) nos informa que em Cuba Ossaim "come" cabritos, tartarugas, galos com esporas e "pássaros que falam". Edison Carneiro (1978) falava de bode e frango; Olga Cacciatore (1988) confirma essa indicação, acrescentando que nas cerimônias anuais os terreiros de candomblé sacrificavam também cabras e galinhas. Sangirardi Jr. (1988) nos aponta o bode, o galo e o pombo como animais votivos de Ossaim. Já Elyette Guimarães de Magalhães (1977) só menciona o bode, sem qualquer outra especificação; bem diferente do que faz Mario Cesar Barcellos (2019, p. 234), que amplia a lista para qualquer animal de caça, "como capivara, preá-do-mato ou paca", além de "codorna, galo arrepiado, galo carijó e galinha d'angola". José Jorge Pompeu Campos ([19--], p. 99), o "respeitado e estimado babalorixá Joquinha", aumentava ainda mais o rol dizendo que Ossaim "come cabrito, galinha, pombo, galos, galinha d'angola, pássaros e todas as caças possíveis". Não seria exagerado pensar que a "gula" de Ossaim tem poucos limites. Sim, porque ainda teremos o que nos chega da cozinha.

Sobre as **comidas votivas** de Ossaim, o inventário é igualmente extenso. Joquinha ensina que Ossaim "gosta" de axoxô, ou *asoso*. Esse é um prato que se oferece também para outras divindades, com algumas variações. Para Ogum, o deus da ferraria e da guerra, o *asoso* é preparado com feijão-fradinho e carne-seca, refogados com camarão seco defumado, azeite de dendê, cebola, tomate e pimentão picadinhos, além da pimenta-do-reino e do cheiro-verde machucados para o tempero. O sal não se costuma exagerar, porque o camarão seco já vem nele agarrado. Para Oxóssi, deus da caça e da precisão, o prato se arruma com milho-cozido misturado com melaço – melaço, olhe bem! Mel não, porque Oxóssi não pode com isso! –, e fatias de coco para o enfeite. O *asoso* para Ossaim pode ser aprontado de um modo ou de outro, conforme a indicação oracular.

Joquinha fala também do *ipeté* de Ossaim, preparado com batata-doce cozida e amassada, feito um purê, refogado com azeite de dendê, cebola picadinha, camarão seco defumado e gengibre pra dar gosto; e de pipocas com dendê e mel. Elyette Guimarães de Magalhães (1977) recomenda galo assado acompanhado por uma boa farofa de dendê, feijão-preto e mel; Sangirardi Jr. (1988) e Edison Carneiro (1978) indicam o milho-branco com mel, enquanto Olga Cacciatore (1988) sugere para o cardápio feijão-preto com farofa, milho-verde com mel e todo tipo de "comidas com dendê". O banquete é acompanhado de uma carta de **bebidas** variadas, indo da cachaça (pura ou com mel) até o vinho de palma (o *e̲mu*), vinho branco e gin. Recomenda-se sempre deixar alguma beberagem junto ao assentamento de Ossaim, bem como pedaços de fumo de rolo para seu agrado. Com a influência afro-cubana aprendemos que sua bebida predileta, porém, é o *xamba* – *shamba* ou *xambá*. Lamento muito não poder revelar quais são seus ingredientes e como é o segredo de seu preparo, mas quero lembrar ao leitor curioso que não estou disposto a fazer inconfidências que abreviem minha existência neste mundo. Creio, porém, que estou autorizado a dizer que o *xamba* é resultado de muitas misturas e fermentações de sementes, pimentas, bebidas alcóolicas, infusão de ervas e mais uma extensa lista de ingredientes irreveláveis. Por fim, ainda acredito que possa dizer que seu gosto é terrível!

Outras **oferendas** também podem ser feitas a Ossaim além das comidas e bebidas votivas. E, novamente, são muitas as possibilidades. O importante babalawo carioca Awo Ifálade (2012) nos ensina em seu tratado de Ossaim uma receita bem simples, preparada com três bolas de carne moída crua amassadas com fubá de milho, alho triturado e um pó feito de *ẹku*, *ẹja* e *àgbàdo* (respectivamente, um pequeno roedor, um peixe e milho). Feitas as três bolas, um grão de *ataare* (pimenta-da-costa), ou *ataire*, é posto em cima de cada uma delas, e está pronto! Mais e variadas receitas são preparadas com inhame, ovos cozidos, milho-branco, milho-verde, milho-vermelho, feijões de diferentes tipos, abacates, fatias de coco, fumo de corda e amendoim doce. Agora, sobre quais são as circunstâncias cerimoniais em que esses sacrifícios são feitos para Ossaim, bom, isso já merece outro cuidado.

É comum fazer oferendas para os orixás preparando o local onde elas serão depositadas. Em algumas casas de candomblé e umbanda, bem como para muitos sacerdotes de Ifá, um prato oferecido para Exu, Ogum ou Xangô deverá ter uma marcação com azeite de dendê no chão; para o caso de Oxalá já se espalha um pouco de *ẹfun* (espécie de giz branco, de origem mineral); para Oxum, um tanto de *oyin* (mel de abelhas); para Iyemanjá, o *oyingan*, melaço de cana. E seguem daí outras condutas, caso a caso, casa a casa, atendendo ao que se pode requerer para cada divindade e suas "preferências"; além, é claro, das indicações apontadas precedentemente na consulta oracular. O leitor astuto, então, deverá ter concluído que para Ossaim o certo é forrar a base onde será feito seu ofertório com algum tipo de folha. E estará correto! Em geral, para esse serviço, são usadas folhas frescas de fumo, seja diretamente no chão ou dentro de um alguidar ou vasilhame para isso destinado. Talvez alguém também tenha cogitado a possibilidade de as folhas de Ossaim serem feitas para comer. Na verdade, isso quase nunca acontece. Ah, mas as coisas com Ossaim... você já havia entendido... nunca são simples!

Ossaim é uma divindade com a qual "se trabalha" para diversos fins. Vem daí a fama de feiticeiros que possuem os sacerdotes dedicados a seu culto. Para cada necessidade, para cada questão, os ossanistas fazem marcações especiais, que deverão ser fixadas no chão, em tecidos ou em tábuas de cedro, especialmente preparadas para esse objetivo. A esses desenhos é comum que se dê o nome de firmas, **firmas de Ossaim**. Na maioria das vezes, são emaranhados de setas, flechas, linhas retas, linhas curvas, círculos pequenos e grandes, cruzes, imagens representativas do sol, da lua, de homens e mulheres, serpentes, caveiras, símbolos de Odu Ifá, entre tantos outros elementos (Gonzales, [19--]). Essas firmas são utilizadas para inúmeras comunicações e demandas, todas sempre muito específicas, podendo variar de uma simples oferenda de comida votiva até pedidos para a superação de problemas de saúde, de justiça, de conflitos, para a realização de projetos, o êxito em negócios, a obtenção de um trabalho, a boa sorte em geral, entre tantas outras. Cabe ainda insistir que essas firmas de Ossaim devem ser criteriosamente designadas em prévia consulta oracular, ocasião também em que serão definidos outros detalhes, como, por exemplo, para qual direção estará voltada a cerimônia (norte, sul, leste ou oeste), em que lugar deve ser feita (beira de rio, praia, mato, praça...), que momento do dia (manhã, tarde, noite, madrugada...), se mais algum orixá "come junto", seguindo extensa a lista de pormenores que possam ser acrescidos.

A partir daqui talvez seja possível pensar que uma oferenda para Ossaim raramente é apenas uma oferenda para Ossaim: ela também costuma se revelar uma cerimônia com níveis diferentes de complexidade e grandeza. Acreditam os sacerdotes e os devotos que as firmas de Ossaim possuem enorme poder resolutivo, permitindo a comunicação direta e imediata com a divindade, que então produz os efeitos desejados. Ora, veja bem o leitor loquaz que comunicação aqui talvez seja a palavra-chave. Quero me atrever a propor o entendimento dessas firmas de Ossaim como um tipo especial de **linguagem**. E penso que logo alguém argumentaria sobre o quanto isso parece ser lamentavelmente óbvio, na medida em que toda expressão simbólica *pode* ser considerada uma modalidade de comunicação e, portanto, uma linguagem *em potencial*. Mas meu atrevimento vai um pouco além disso.

O caso é que, na costa ocidental africana, em particular em regiões que se estendem pelos atuais estados da Nigéria e Camarões, alguns grupos étnico-linguísticos – como os Igbo, os Anangue, os Ibibio – há muito tempo fazem uso de uma forma de escrita conhecida pelo nome de **nsibidi** (Battestini, 1999; Dayrell, 1910). Entendo que isso contraria o que muito frequentemente se diz sobre as inúmeras culturas da África Subsaariana: que são ágrafas e que contam exclusivamente com os recursos da oralidade para preservarem suas tradições. É… mas isso não se sustenta. Os nsibidi, bem como os adinkra e os Odu Ifá, e o ge'ez etíope, a escrita cromática do povo Edo, do Benin e da Nigéria, a escrita tifinague dos Tuaregue, só para ficar com esses poucos exemplos, desmentem com facilidade essa ideia antiga de não haver qualquer maneira de escrita entre as populações africanas abaixo da linha do Equador (Cunha Jr., 2007, 2010, 2017; Nascimento; Gá, 2022). Os nsibidi são ideogramas em que é possível reconhecer combinações de traços – retos e curvos –, setas, círculos, cruzes, entre outros sinais gráficos, constituindo desse modo uma complexa técnica de comunicação. Segundo o escritor e folclorista britânico Elphinstone Dayrell (1911), os nsibidi são usados para toda a sorte de situação; mas seus significados não são de conhecimento geral, sendo proibidos às mulheres e restritos a alguns poucos iniciados. Essas limitações estariam explicadas por suas origens na sociedade secreta Epê – ou *Ekpe* (Battestini, 1999), organizada com exclusiva participação masculina, responsável pelo culto aos ancestrais e pela manutenção da boa conduta entre os vivos (Lopes, 2005). Dayrell (1911) mencionava a grande dificuldade de recolher informações sobre os significados dos nsibidi exatamente por seu caráter oculto e pelas represálias que sofreriam os informantes, caso fosse descoberta a inconfidência. Mesmo assim o pesquisador conseguiu anotar mais de 300 desses signos.

Chama a atenção que tanto os nsibidi quanto os adinkra e os Odu Ifá são, cada um a seu modo, complicadíssimas maneiras de expressar ideias, contar histórias, falar de contratos comerciais, relações amorosas, informar da morte, do nascimento, da guerra, da paz, enfim, de toda e qualquer questão de interesse humano. Mas elas não são escritas com palavras que se arranjam lado a lado, formando sentidos que o curso das leituras pretende revelar. Não se trata disso. São imagens completas, que podem ou não ser encadeadas com outras para que mais referências sejam agregadas. Quero observar que não mencionei os hieróglifos egípcios. E não o fiz porque sua natureza estética é completamente diferente daquela que encontramos com os nsibidi, muito mais "gráfica" que os símbolos do Alto e Baixo Nilo. Os nsibidi, essa linguagem toda feita de desenhos, muda de palavras e tão eloquente em suas ideias, parecem demais com as firmas de Ossaim. Sei que me arrisco perigosamente nos limites da leviandade, mas não consigo resistir a esse comentário audacioso. Além do parentesco das imagens e das origens étnicas, a semelhança do uso como inscrição poderosa, que comunica e consagra as informações de seu conteúdo, a pouca divulgação de seus mistérios, as restrições iniciáticas, tudo isso parece sugerir uma severíssima investigação que no futuro um pesquisador valoroso, meticuloso, consciencioso e obsessivo venha se atrever a levar adiante. Mas nada é tão difícil que não se possa complicar.

Acontece que os desenhos que têm os nsibidi, e igualmente essas firmas de Ossaim, também fazem lembrar demais aquelas outras firmas, ou pontos, das entidades de umbanda (Cunha Jr., 2007). Os Exus, Seu Zé Pelintra, as Pombagiras, os Caboclos, Ciganos, Marinheiros, Boiadeiros, Pretos-Velhos – a todos eles minha admiração e meu respeito! – são muitas vezes identificados por marcações feitas no chão com setas, flechas, círculos, cruzes e demais signos. De maneira análoga ao que podemos aferir em relação aos nsibidi e, principalmente, às firmas de Ossaim, esses símbolos da umbanda garantem igualmente o poder, tanto da entidade quanto daquilo que se inscreve, produzindo efeitos no mundo físico; feito um "portal" que comunica o que se põe diante dos olhos e o que se esconde deles, o que se vê e o que não se vê. Ou, dizendo de maneira diversa, são garantias da força e da ação positiva que têm as informações (nsibidi), as entidades (da umbanda) e a divindade das folhas (Ossaim). Não quero abusar da boa vontade do leitor condescendente, mas se for mesmo possível estabelecer qualquer conexão ou semelhança entre essas formas de registro – as dos nsibidi, as de Ossaim e as da umbanda – então talvez pudéssemos pensar em outras maneiras de **intradução** – incessantes traduções, lembre-se – a que essas divindades e entidades acabaram por sofrer no ambiente afrodiaspórico brasileiro; ou que essas semelhanças poderiam ser compreendidas como **sintomas** das adaptações afrodiaspóricas; ou, ainda, que seguir as pistas, rastros, trilhas, dos nsibidi, das firmas de Ossaim e das entidades da umbanda poderia nos levar a refletir sobre os caminhos – materiais e espirituais – tão sinuosos, tão ocultos, tão enigmáticos que as divindades fizeram de uma costa a outra do Atlântico. Será que as entidades africanas aprenderam a escrever seu emblema, sinal ou palavra com a pemba dos terreiros de umbanda?

Tenho tomado cuidado para não fazer qualquer afirmação que pareça imprudente ou irresponsável. A pesquisa que vai por aqui anotada não teve o tempo e os meios necessários para avançar em tantos campos de interesse e formar juízos tão graves sobre assuntos de tamanha importância como esses. E tendo a duvidar que seja um dia possível refazer todo o novelo da história. Mas é irresistível. E, se nada disso puder se aproveitar, fica pelo menos a impressão e a delícia, quem sabe também o alento, de que algumas peças do nosso quebra-cabeças cultural às vezes parecem se encaixar de modo ortopédico. Bem...

Sobre as **cerimônias** consagradas a Ossaim, é preciso dizer que tenho informação de apenas duas. George Simpson (1980) menciona um *festival anual* dedicado à divindade das florestas selvagens na cidade de Ibadan, na atual Nigéria, sem nos fazer o favor de contar qualquer coisa que nele acontece além de algumas bizarrices, como exibições mágicas de seus adeptos, que

> socam os olhos com facas, enquanto outros abrem o estômago e arrancam os intestinos, mastigam garrafas quebradas e cospem pedaços de vidro, ou cortam a própria língua (Simpson, 1980, p. 43).

O antropólogo norte-americano ainda faz referência aos instrumentos musicais utilizados por ocasião dessas cerimônias, como os "tambores *dùndún* e *batá*, chocalhos e gongos de ferro", aos sete dias de duração das apresentações públicas e à participação cada vez menor dos fiéis (Simpson,

1980, p. 43). Nada mais. Mas a cerimônia que não deixa de ocorrer, em qualquer ambiente de culto às divindades iorubanas, seja em espaços africanos ou afrodiaspóricos, é o preparo do "banho de ervas".

Em uma das vezes que entrevistei o babalawo carioca Omodeifá, tive o atrevimento de perguntar por que as folhas são tão importantes para a religião de orixá. Ele me respondeu com a máxima bem conhecida por tantos sacerdotes, iniciados, pesquisadores e curiosos: *kosi ewé, kosi ọrisà*; sem folha, sem orixá. Ou, para explicar o refrão com mais esmero, sem o poder das folhas é impossível fazer as consagrações para as divindades e para os novos adeptos da religião. Já sabia disso. Então resolvi insistir, como fazem as crianças que não se satisfazem com as primeiras respostas que têm: "Mas por quê?!". "Como assim?!", ele retrucou, sem me entender direito. Continuei dizendo que as folhas possuem esse predicado por alguma razão. Qual seria? Veja, já sabemos do poder associado às folhas para a farmacopeia e para os encantamentos da magia, dois campos de influência análogos, ou constitutivos, mas não idênticos ao das consagrações religiosas. Ainda poderia colocar a questão de maneira diferente: Por que as folhas são tão fundamentais e não outro elemento natural, como a água, o fogo ou a terra? Então, por que as folhas são tão importantes, por que têm essa virtude? Omodeifá sorriu e me explicou que as plantas tomam para si todos os nutrientes do solo, que transformam a energia do sol em vida, que sugam a umidade do chão para se alimentar, e que toda essa quimicazinha se encontra misturada milagrosamente dentro de cada folha. Então, quando as folhas são preparadas para seus usos medicinais, mágicos ou iniciáticos, toda força da natureza, de alguma forma, se encontra dentro delas, condensada nelas, reunida com elas, distribuída por elas. Aí ele me convenceu.

Corroborando a fala de Omodeifá, e ainda sobre o poder que as folhas têm, Raul Lody (1995, p. 192) lembra que elas são "uma síntese idealizada da natureza e de tudo o que [...] encarna e expressa de vida, de fertilidade e de coparticipação no cotidiano do homem". José Flávio Pessoa de Barros (1993, p. 83-85) caminha no mesmo sentido, argumentando que as folhas de Ossaim são como uma "mediação entre os quatro elementos que compõem o mundo". A própria forma de organizar as folhas em categorias respeita, entre outros aspectos (como cor, forma, tamanho, se são frias ou quentes, masculinas ou femininas), a relação que cada uma tem com os elementos, havendo as folhas da água, *ewé omi*, as do fogo, *ewé iná,* as da terra, *ewé igbo,* e as do ar, *ewé èfúùfù* (Barros, 1993, p. 97). Outros autores parecem concordar com essa perspectiva (Barros; Napoleão, 2021; Jagun, 2019; Meihy; Freitas, 2021; Verger, 1995). Talvez possamos entender que o poder que têm as folhas é o poder que a natureza inteira possui, parcelado em pequenas porções verdes que aprendemos a usar para o que desejamos que se torne sagrado e o que precisamos que se mantenha saudável. A isso damos o nome de *àṣe* (axé), "a força que assegura a existência dinâmica, que permite o acontecer e o devir" (Santos, 1986, p. 39); ou, como nomeia Maupoil (2017, p. 348), através dos Fon, *atché* – "a força invisível, a força mágico-sagrada de toda a divindade, de todo ser animado, de todas as coisas".

O ritual de preparo das folhas tem nome de *asàòsányìn*, ou *sasányìn*, ou sassanha (Barros; Napoleão, 2021; Jagun, 2019; Santos, 2014). Márcio de Jagun (2019, p. 195) traduz *sasányìn* quebrando a palavra em *asà*, celebração ou ritual, e, claro, Òsányìn, obtendo "celebração para Ossaim". Guardando sentido semelhante, também poderíamos dizer "homenagem a Ossaim" (Beniste, 2014, p. 122). Barros e Napoleão (2021, p. 33) explicam que essa cerimônia consiste na "sacralização dos vegetais exaltados através dos *orin ewé*, cantigas sagradas, em louvor a Ossaim, o dono das ervas"; ela é realizada para despertar o poder mágico das ervas, isto é, a força dos elementos da natureza, contida nas plantas, e para isso as *ewé* serão reverenciadas através de cânticos e fórmulas (Barros; Napoleão, 2021, p. 33).

Mãe Stella, por sua vez, nos avisa que

o Ritual de Cantar Folhas (*sàsànyìn*) tem a finalidade principal de chamar Òsányìn para que Ele dê Seu *àsè* aos iniciados, no sentido de que estes, cantando, possam encantar as plantas (Santos, 2014, p. 248).

Márcio de Jagun (2019, p. 195) já nos informa que a

Sàsányìn é a cerimônia do candomblé que consiste na colheita, preparo, reza, cânticos e maceração das folhas e elementos rituais com a invocação do Òrìsà Òsányìn, para obter das ervas suas propriedades materiais e espirituais.

Portanto, são todos os preparativos, desde a coleta das ervas até a obtenção do líquido produzido com sua maceração. De qualquer forma, entram em jogo aqui as ações mágicas e encantatórias das folhas, associadas aos atributos terapêuticos que possuem, bem ao estilo do que já sabemos da medicina tradicional iorubana (Simpson, 1980). Roger Bastide (1950, p. 28) corrobora essa percepção dizendo que haveria uma espécie de "medicina empírica", baseada nas "virtudes medicinais das plantas". E ainda que essa capacidade de cura "permanece religiosa", respeitando o fato das plantas possuírem propriedades reveladas através de sua "correspondência e relações míticas com os diversos deuses" (Bastide, 1950, p. 28).

Para Mãe Stella, o início da sassanha consiste em pedir licença a Exu, para que a cerimônia "transcorra com tranquilidade, sem confusões nem atrapalhações" (Santos, 2014, p. 248). Essa autorização é concedida por Exu depois de uma série de cantigas entoadas em seu louvor. A ialorixá também nos conta que os *orin Èṣu* devem saudar suas diversas "qualidades", ou manifestações, como *Yángín, Okòtò, Làlú, Ọdárà, Tiriri, Ijèlú*, entre tantos outros (Santos, 2014, p. 13-22). Depois dessa fase, iniciam-se as saudações a Ossaim. Assim como ocorre com Exu, várias mesuras são feitas para pedir licença ao deus das florestas. Uma delas é *ewé wá sá!*, que pode ser traduzida como "folhas, venham trazer remédio" ou "venham trazer a cura medicinal". Seguem dezenas de cânticos específicos, reverenciando nominalmente cada uma das folhas que serão utilizadas, com o objetivo de "acordar" o poder que possuem. É importante dizer que a variedade dessas ervas estará determinada pelos usos de cada casa e suas tradições, o conhecimento de que dispõem e os objetivos para os quais são realizadas as cerimônias.

Esse banho de folhas recebe o nome de *àgbo* (ou abô), ***amasi*** ou ***omieró***. É muito provável que estejamos aqui diante de mais um ponto de discussão. Mais um, insisto. Alguns sacerdotes concordarão que são nomes diferentes para a mesma coisa; outros irão se inflamar, dizendo que são bem diferentes suas origens, objetivos e conformações; e ainda haverá aqueles que afirmarão não fazer a menor diferença entre isso e aquilo, importando acima de tudo a eficácia que venham a ter. Muito bem. Sem desejar assumir qualquer partido, sigo o caminho das referências que fui recolhendo.

Segundo o dicionário de Iorubá do professor José Beniste (2014, p. 59), *àgbo* é traduzido por "infusão de ervas para uso medicinal". Barros e Napoleão (2021, p. 29) acrescentam que é

> a mais importante das misturas vegetais do culto aos orixás. É utilizada desde a iniciação do Ìyàwó até a última das obrigações, além de

servir de elemento de ligação entre o òrun e o àiyé (o mundo dos orixás e o mundo dos homens).

Márcio de Jagun (2019, p. 195) vai no mesmo sentido, afirmando que "o resultado da maceração das folhas em água, mediante o *sàsányìn*, é denominado àgbo". Ainda segundo o sacerdote e pesquisador carioca, "o àgbo lava, purifica, previne e cura, tornando os corpos e os apetrechos litúrgicos aptos" para as consagrações (Jagun, 2019, p. 195). Fonseca Jr. (1995, p. 173) falava também da "decocção vegetal usada para banho", que é "composto por ervas utilizadas em cerimônias". Mais autores confirmam essas informações (Barros, 1993; Botelho, 2010; Cabrera, 1998; Tomáz, 2019).

Outro nome que encontrei para o banho de ervas é *amasi*. Ele é usado com frequência também. Olga Cacciatore (1988) sugere uma compreensão possível do sentido que tem a palavra, dividindo-a em *amáã,* ou *amáa*, hábito ou costume, e *si*, por dentro; o que nos daria algo como o "costume interno" ou "hábito interior". Lembrando, porém, das dificuldades que tem o idioma Iorubá, fui conferir a tradução. De fato, *amáa* é costume ou hábito; mas não encontrei uma versão simples para a partícula *si*. Ela pode servir para tornar uma afirmação ainda mais incisiva no fim de uma frase (*sí*), como a preposição *para* (*sí*), como forma negativa do verbo *estar* (*sí*), como o advérbio *também* (*sí*), ou para descrever a perda de cor de uma superfície, desbotar, descolorir (*sì*), ou ainda para indicar que alguma coisa anda vagarosamente (*sìì*) (Beniste, 2014, p. 105). Difícil saber se conseguimos chegar a algum lugar desse jeito. Talvez pudéssemos pensar em algo como o "costume de dentro", no sentido de um segredo que deva ser guardado; ou o "hábito para", querendo dizer que o banho de ervas é uma tradição que viabiliza o que irá ser consagrado; ou – quem sabe? – o sentido original tenha se perdido mesmo.

Fato é que o *amasi* é igualmente um banho de ervas. Ele é descrito como o "líquido preparado com folhas sagradas, maceradas em água" (Cacciatore, 1988, p. 48); a "mistura de ervas piladas que são reunidas em um jarro de barro ou bacia nos rituais afro-brasileiros" (Fonseca Jr., 1995, p. 185); as "infusões" feitas com as folhas (Barros, 1993, p. 42). O papel que exerce é exatamente o mesmo de àgbo, ou seja, é o líquido precioso extraído das folhas. Ele deverá ser usado para as consagrações dos objetos que compõem os assentamentos, dos animais sacrificados cerimonialmente e dos corpos humanos que serão preparados para a iniciação religiosa. O banho de *amasi* "causa um suave estado de lassidão e inconsciência pelo qual a pessoa penetra no transe místico ou estado de santo", podendo também ser usado para lavatórios de purificação, "descarrego" e "sacudimentos" (Botelho, 2010, p. 7; Tomáz, 2019, p. 57). Roger Bastide (1961) – que usa *agbò* para se referir aos banhos de ervas preparados nas casas de candomblé baianas da década de 1950 – menciona *amasi* apenas uma vez, referindo-se a ele como uma medicina usada para o corpo e para a cabeça. Esse mesmo uso é confirmado por Fonseca Jr. (1995, p. 185), que nos informa ainda que os *amasi,*

> segundo as tradições, servem para aproximar o orixá de uma pessoa, servindo também para obrigações de fortalecimento do anjo da guarda. Com o amaci costuma-se lavar a cabeça e o corpo dos iniciados.

Como havia prometido, outra palavra utilizada para o banho de ervas é *omieró*. Dessa vez, acredito que podemos traduzir com mais facilidade: *omi*, água, e *ẹ̀rò*, calma, ou gentileza, obtendo "água que acalma" (Beniste, 2014; Cabrera, 1990; Meihy; Freitas, 2021). José Beniste (2014), sem perder a ideia de um líquido que tranquiliza, ainda acrescenta que *omi èrò* é também o nome dado ao sangue do *ìgbín*, o caracol sacrificado para Oxalá. De qualquer maneira, *omieró* é o nome que se dá à infusão de folhas que será usada para todos os ritos iniciáticos.

> Com o omieró se lava e se sacraliza tudo: as pedras, os colares, os búzios, as relíquias [...] Fazer Ossaim é aparelhar, preparar as ervas sacramentais; triturá-las, rasgá-las e espremê-las (Cabrera, 1990, p. 106).

Da mesma forma, Murilo Meihy e Eduardo Freitas (2021, p. 52-53) ensinam que o *omieró* é

> o líquido ritualizado com folhas e axés possui[ndo] dupla condição: purificar e fortalecer tudo o que tocá-lo. Sejam objetos litúrgicos, mão, pés, corpos e cabeças dos iniciados.

Ele é produzido com uma mistura de diversas folhas frescas, rasgadas e amassadas em um grande alguidar preparado e sacralizado para esse fim. Os sacerdotes responsáveis pela cerimônia precisam cantar todo o tempo em louvor a Ossaim, às folhas e aos orixás para os quais serão consagrados os objetos e os corpos dos iniciados. O *omieró* resulta em um líquido de cor verde, escuro e intenso, de cheiro agradabilíssimo e de gosto suave. Como no caso do àgbo e do *amasi*, o *omieró* possui propriedades medicinais. Segundo Lydia Cabrera (1990, p. 108), não caberia colocar em dúvida

> seus efeitos maravilhosos, e até embelezadores, para a saúde dos iniciados: eles saem do templo em que ficam recolhidos com a pele lisa, fresca e bonita; o *omieró* rejuvenesce.

Como o leitor meticuloso deve ter percebido, o parentesco entre o àgbo, o *amasi* e o *omieró* é grande o suficiente para que possam ser tomados como a mesma coisa. Mas para agradar aos puristas, que certamente reclamarão das especificidades que não mencionei – e não o fiz porque tenho amor ao meu pescoço –, talvez seja possível sugerir que o àgbo está mais fortemente identificado com as tradições do candomblé, enquanto o *amasi* com a umbanda e o *omieró* com a recente influência que *Ifá* vem ganhando nas últimas décadas entre nós brasileiros. São modos, ou intraduções, diferentes para os banhos de ervas, cuja importância medicinal e litúrgica não se contesta. Bom, se essa ideia servir para apaziguar corações, ótimo; se, ao contrário, for motivo para deixar mais exaltados os espíritos... melhor ainda.

Sobre os **arquétipos** que têm os filhos espirituais de Ossaim, não ficarei surpreso se decepcionar boa parte daqueles que desejam saber alguma coisa sobre eles; ou sobre si mesmos – se é que já não se conheçam o suficiente para conduzirem suas próprias vidas da melhor maneira possível. A questão é que já é difícil falar de arquétipos dos orixás; de seus filhos, então, a coisa é um pouco pior. É provável que seja incômodo para a maioria ouvir isso, mas pensar assim, através de arquétipos, como modelos de comportamento mais ou menos identificáveis, relativamente previsíveis, parece ser simplista, reducionista e até mesmo ingênuo. As divindades são complexas. Os humanos ainda mais. Pensar que traços peculiares de personalidade possam ser associados a um ou outro orixá sempre me pareceu tolice. Peço perdão aos holistas, mas não levo muito a sério essa abordagem. Mesmo assim, vamos lá. Dizem que os filhos espirituais de Ossaim são pessoas "equilibradas e maduras", que "sua percepção sobre a vida nunca é dogmática ou convencional" (Aróstegui, 1995, p. 137); "que não deixam suas simpatias e antipatias intervirem em suas decisões ou influenciarem suas opiniões sobre pessoas ou acontecimentos" (Verger, 2002, p. 124); que "os regidos por este orixá são dotados ou, até mesmo, superdotados de poderes paranormais", que são sensíveis, reservados, estudiosos, sinceros, alegres, introspectivos; ou, pelo "lado negativo", são feiticeiros, enganadores, misteriosos, traiçoeiros e "capazes de qualquer maldade para ter aquilo que querem" (Barcellos, 2019, p. 26-27). Gente boa!

É claro que o elogio desabrido e a crítica implacável podem nos deixar com uma amplitude tão dilatada do espectro psicológico e emocional, que fica fácil achar alguma correspondência com quem quer que seja. Mas gostaria de prevenir o leitor místico que para qualquer de nós, humanos, marcados pela influência do pensamento iorubano, devem participar outros elementos constitutivos de personalidade. Para simplificar essa ideia, além da divindade à qual estamos associados, entra nessa conta o "destino que escolhemos de joelhos" antes de decidirmos jogar com nossas vidas neste mundo (Athayde, 2022, p. 60; Athayde, 2023, p. 177). O que significa que temos um "projeto existencial" para realizar – muito próprio, específico, individual, exclusivo – com a ajuda de nossos ancestrais, de nossas divindades e de nossas inteligências. Um arquétipo, então, nunca será suficiente para nos definir.

Uma última coisa: não me recordo de outro autor que tenha mencionado o que é **proibido** para Ossaim e seus filhos espirituais (os *éwò*, ou quizilas) além de Mario Cesar Barcellos (2010). O pesquisador carioca fala que deve se evitar comer jiló, pegar ventania e ter, ou cruzar, com cachorro preto (Barcellos, 2010). Algumas pessoas com as quais conversei para escrever este livro aludiram também que os iniciados para Ossaim deveriam evitar comer folhas cruas, sendo possível consumir somente as cozidas.

E é só.

5 Ossaim
e suas histórias

Para conhecer alguém é preciso saber de suas histórias. Já havia dito isso. E é verdade: ninguém se apresenta informando o nome, os números dos documentos e o lugar onde mora. Pelo menos não se desejar verdadeiramente ser conhecido. É possível que a burocracia deva satisfazer algumas necessidades muito elementares do entendimento humano; mas sobre ele nada diz. Enche a papelada de dados, inunda os arquivos públicos, inventa tabelas, gráficos, curvas de Gauss, Laffer, Phillips, mas não conta o mais importante sobre nós. Por isso é tão valoroso conhecer as histórias. Mas quais histórias conhecer? E como?

Andei conversando com muita gente para escrever este livro. Falei com sacerdotes, pesquisadores, pessoas de diferentes áreas, falei com aqueles muito versados sobre Ossaim e com outros que nada sabiam do assunto. E sempre foi muito bom ouvir tudo o que me diziam. Foi desse modo que estive inúmeras vezes com Fernando Santoro, professor titular de Filosofia da UFRJ e um dos maiores intelectuais brasileiros envolvidos com o pensamento grego antigo. Falamos certa ocasião sobre a filologia, ou seja, o estudo do idioma, das palavras que ele tem, dos significados que quer (ou não) transmitir, e de como encontrar nos textos antigos as pistas que nos levam a conhecer um pouco mais o passado. Santoro comentava das histórias que possuem muitas versões e de como se dá o trabalho para definir um modelo confiável de seu registro. Não se trata de buscar "a verdade", ele dizia, mas de uma maneira de contação que encontra respeito e confiança entre todos aqueles que a leem, conhecem e estudam. Quando isso acontece, a história contada daquela forma específica ganha o status de *canônica*; em outras palavras, torna-se uma referência, um parâmetro, consagra-se. Perguntei como isso acontece e se essa conduta não impediria maneiras diferentes de contar a mesma história. Santoro argumentou que, para se tornar canônica, a história que deseja ser contada precisa das informações de todas as mais importantes versões que ela tem. E todas devem ser criteriosamente indicadas, apontando as sutilezas entre umas e outras, seus autores (se autoria tiver), as discrepâncias ou semelhanças que possuem, seus possíveis significados e interpretações. Ora, sabendo disso, as muitas versões que porventura tenha uma história são sempre bem-vindas! É um trabalho difícil e que exige muito cuidado, paciência e método. Mas é uma delícia fazê-lo!

Então, para contar as histórias que apresento em seguida, tentei observar alguns dos critérios que Santoro sugeriu. É muito claro que, no caso daquelas que contamos dos orixás, o buraco é bem mais embaixo. Afinal, não devemos nos esquecer de onde elas vêm – se é que disso temos conhecimento – e de como chegaram até nós. São histórias contadas e recontadas pela tradição oral, que tanto perpetuou quanto distorceu o que sabemos dessas narrativas. É essa a matriz que precisamos reverenciar sempre. Mas, verdade seja dita, atualmente temos mais acesso a essas histórias postas no papel do que a alguém que as guarde na memória. O que só torna a coisa toda um tanto mais complicada; e interessante também.

Perguntei a Santoro como chamamos o processo em que essas histórias ganham status de canônicas. Ele me respondeu que é comum dizer **consolidar**, no sentido mesmo de tornar sólido, firme, bem definido. Mas logo em seguida acrescentou que no caso das histórias que eu pretendia escrever o mais justo seria usar **assentamento**. Assentamento, sim – que ótimo! –, pelas mesmas razões que sugere a palavra consolidar, mas igualmente com o respeito ao que se diz sobre os lugares de reverência aos deuses antigos que chamamos de orixás. Ah, obrigado, Santoro!

Então as histórias que conto em seguida têm a confessada pretensão de se tornarem assentadas, no sentido que podemos recolher com a nossa, digamos, *filologia adaptada*, ou *filologia afrodiaspórica*. São **assentamentos** a partir do esforço mais sincero de coleta das diferentes referências a que tive acesso, e procurei deixar indicadas aqui. Sobre a escolha dessas e não de outras histórias de Ossaim, preciso dizer que me orientei tanto pelas mais conhecidas – graças aos esforços feitos pelos diversos autores que já se dedicaram ao assunto – como também por algumas outras quase ignoradas, que me foram sugeridas por sacerdotes de Ifá que entrevistei. Em todos os casos, o **assentamento** exigiu a confissão das fontes, um pequeno comentário sobre elas e, quando se impôs, a discussão em torno das referências às folhas, árvores ou palavras particularmente relevantes para o seu entendimento.

Bom... Vamos às histórias!

OSSAIM E O CAFÉ MALDITO

Essa é a história de dois babalawos que viviam muito longe um do outro. Um deles vivia no Amanhecer e se chamava Digaga Yayao Awo; o outro vivia no Anoitecer e se chamava Mugaga Eye Awo. Eles não se conheciam. E nunca chegaram a se conhecer. Entre suas casas havia uma distância intransponível e bem entre elas uma gigantesca floresta. E nessa floresta morava Ossaim e seus segredos.

Por esse tempo o babalawo do Amanhecer, Digaga Yayao Awo, vivia com Oxum, a senhora das águas doces, dona de beleza sem igual. Digaga consultou o oráculo de Ifá para sua amada e foi recomendado que ela tomasse um banho preparado com as folhas do *pèrégún*. Isso manteria a boa sorte de Oxum, evitando que viesse a encontrar a morte antes do tempo. Ela deveria ir até a floresta e colher as folhas. E assim fez Oxum.

Enquanto isso, o babalawo do Anoitecer, Mugaga Eye Awo, consultou o oráculo de Ifá. A ele foi dito que deveria pegar algumas folhas de *pèrégún*, bem como as de Ewé Odundun, preparar um banho e com elas se lavar, garantindo, também ele, que não viesse a encontrar a morte antes do tempo. Ele deveria ir à floresta e colher as folhas. E assim fez Mugaga Eye Awo.

Oxum chegou primeiro. Ela andou até o fundo bem fundo da floresta. Lá dentro, perto da mata de *pèrégún*, Oxum encontrou muitas árvores de café, com seus frutos verdes e vermelhos, tão bonitos. Encantada com a beleza do café, não se conteve e disse em voz alta: "Ah, que lindos! Vou pegar algumas dessas frutinhas e levar comigo! Devem ser tão saborosas!". Mas Ossaim estava por ali e interrompeu a deusa dos rios: "Minha senhora, não faça isso! Essa fruta não se come, verde ou madura! Ela tem que ser torrada. Dela se faz pó. E com esse pó se prepara uma infusão para beber. Mas é preciso tomar cuidado, Iyalode! Essa bebida é um estimulante muito forte. Beber demais pode fazer mal". Oxum agradeceu a Ossaim, colheu suas folhas de *pèrégún*, pegou um pouco dos frutos do café e voltou para sua casa no Amanhecer.

Acontece que Mugaga, o babalawo do Anoitecer, chegou naquele mesmo lugar e assistiu toda a conversa entre Ossaim e Oxum. E uma coisa que não se disse até agora é que Mugaga era apaixonado por café. "Ah! Que bom é beber café! E agora então, que descobri como se faz seu pó adorado! Ah! Agora mesmo que não deixo de beber café todo o tempo!". Mas Ossaim já havia notado Mugaga. E, quando Oxum foi embora, virou-se para Mugaga e disse: "Você! Você ouviu minha conversa com Oxum! Ouviu um segredo da floresta sem minha autorização! Isso não posso admitir!". Ossaim estava muito contrariado mesmo, porque ainda arrematou: "Por esse motivo, condeno você a nunca mais beber café!". "Nunca mais?!", respondeu com desespero Mugaga. "Nunca mais! Senão serei obrigado a tirar sua vida!" Sem alternativa além da própria morte, o pobre Mugaga jurou a Ossaim não beber café enquanto vivesse.

Desapontado, Mugaga foi colhendo as folhas que precisava, cabeça baixa, sem dar palavra. Ossaim então se aproximou dele, compadecido: "Vou te ensinar um segredo que há de te fazer bem! Tome aqui esses grãos de pimenta-da-costa. Eles vão te dar o ânimo que é preciso para trabalhar e ganhar o sustento. E vou te dar também uma recomendação: ouça sempre o espírito de sua mãe. Ela estará junto de você a cada instante para te ajudar e orientar".

Mugaga voltou para sua casa no Anoitecer e nunca mais bebeu café. E, toda vez que teve necessidade, usou os grãos de pimenta e escutou os conselhos de sua mãe.

COMENTÁRIO

Essa história pode ser encontrada no Odu Ifá Ogbe Odi, ou Ogbe Di (Tratado [...], 2002). O babalawo Omoadeifá, que sugeriu seu reconto, relatou-me ainda outra versão que ouviu em Cuba durante uma cerimônia de iniciação. Segundo ele, os babalawos cubanos contaram que Digaga e Mugaga consultaram Ifá para suas esposas e que as duas foram à floresta buscar as folhas que precisavam. Disseram ainda que a primeira fez *ebó* (sacrifício ou oferenda) para conseguir entrar no reino de Ossaim com sua autorização;

a outra, não. Contada assim, essa versão ganha o parâmetro ético muito comumente apontado nas histórias de Ifá como revelador de conduta adequada; ou seja, fazer o *ebó* prescrito. Outra diferença, nada desprezível, é que nessa variante Oxum não se apresenta em momento algum.

De qualquer maneira, é bom notar a presença de algumas folhas mencionadas ao longo da narrativa. A primeira delas é o *pèrégún*, também conhecida como pau-d'água (*Dracaena fragrans*). Do ponto de vista litúrgico, é das mais indispensáveis. Talvez seja mesmo possível afirmar que não há cerimônia de consagração sem sua presença. Sobre essa folha, Mãe Stella conta uma história particularmente interessante – que não terei espaço para reproduzir aqui –, afirmando sua importância tanto para garantir o direito de entrar em lugares proibidos quanto para se livrar da má influência dos mortos (Santos, 2014, p. 110-112).

Outra igualmente imprescindível às liturgias é o *ewè ọdúndún* (*Kalanchoe brasiliensis*; *Kalanchoe crenata*), também conhecida no Brasil como saião. Mas não posso seguir adiante sem fazer um grave comentário sobre seu nome. Segundo Mãe Stella, ela é a folha-da-costa (Santos, 2014); para José Flávio Pessoa de Barros e Eduardo Napoleão (2021), ela é a folha-da-costa, o saião e também a folha-grossa, a paratudo e a erva-grossa; para Verger (1995), ela é a folha-da-costa e também a folha-da-fortuna; e, por sua vez, para Murilo Meihy e Eduardo Freitas (2021), a folha-da-fortuna – cujo nome científico seria *Bryophyllum pinnatum* (ou *Bryophyllum calycinum*, ou *Kalanchoe pinnata*) é conhecida em Cuba como prodigiosa, víbora, siempreviva, hoja bruja, pólipo herbáceo, flor del aire e inmortal. O leitor confuso deve ter compreendido que a tradução de *ewè o̱dúndún* para a botânica, para o Brasil ou para Cuba não é coisa simples. *Ewè o̱dúndún* a seu modo também seria um **intraduzível**. Isso certamente se explica por uma razão já apontada por José Flávio Pessoa de Barros e confirmada pelo babalawo Omodeifá

– que, aliás, é biólogo: a classificação Iorubá respeita critérios diferentes das classificações científicas. E a diáspora e as adaptações que ela obrigou trazem mais outros complicadores. Importa saber é que *ewè ọdúndún* é usado em cerimônias fúnebres. Segundo Mãe Stella, essa folha deve ser passada nos olhos, dizendo-se: "Que meus olhos não vejam isso por muito tempo, nem vejam isso como punição", ajustando o momento, a percepção e o sentido que a morte possui (Santos, 2014, p. 142). José Flávio Pessoa de Barros e Eduardo Napoleão (2021, p. 288) informam também que essa mesma folha deve cobrir os olhos dos animais no momento do sacrifício cerimonial, "para que não vejam a morte". E isso faz todo o sentido para o uso que ela possui na história que recontei.

Além dessas folhas, são mencionados o café (*Coffea arabica*) e a pimenta-da-costa, ou *ataare* (*Aframomum melegueta*), através de seus grãos, perceba, não de suas folhas, e nos dois casos como substâncias estimulantes.

Por fim, para aqueles que conhecem a história que se conta em Ogbe Odi, peço licença por não haver mencionado um ou outro detalhe que me pareceram perigosamente reveladores de seus segredos.

OSSAIM E AS QUATRO FOLHAS SAGRADAS

Foi isso o que aconteceu, quando a capital da cidade de Ilorin ficava no meio de uma grande floresta. Apesar das folhas estarem ali, tão perto, não era fácil recolhê-las. Isso porque morava no interior do mato selvagem uma criatura que atacava qualquer um que se atrevesse a chegar em sua vizinhança. Era Aroni, de Ossaim o servo fiel. Ele corria com um pedaço de carvão incandescente em suas mãos, cegando a todos com sua bruxaria. Sabendo disso, ninguém mais desejava desafiá-lo.

Mas um dia o rei de Ilorin adoeceu. Como costuma acontecer em situações como essa, os babalawos foram chamados para consultar o oráculo e saber o que era preciso para salvar o rei amado. Jogaram o rosário de Ifá nas esteiras e o conselho se mostrou perigoso: seria necessário preparar um banho com folhas sagradas; folhas que se encontravam na mesma floresta em que Aroni vinha fazendo suas vítimas.

Não houve quem se atrevesse a dizer que iria. Só um filho de Orunmilá, o babalawo Ogbe Tumako, respondeu que "Sim, eu posso!". Antes de partir, porém, foi instruído por Ifá a fazer oferenda para Exu com dois galos e levar para a floresta uma grande cazuela de barro e um porrão cheio de água fresca. E assim ele procedeu.

Ogbe Tumako chegou ao mato e começou a recolher as folhas que precisava para salvar seu rei. Sentou-se com elas ao lado da cazuela e começou a macerar uma por uma. Ogbe Tumako jogava um pouco de água do porrão na cazuela para fazer o líquido verde bem escuro enquanto cantava. Foi nessa hora que Aroni chegou furioso:

"Você invadiu minha floresta! Agora vai pagar pela afronta!". E, dizendo isso, tratou de jogar o carvão em brasa em Ogbe Tumako para feri-lo. Mas o filho de Orunmilá havia se preparado. Por conselho de seu pai, ele se esquivou e cantou:

Ina awo àṣe awo
Ina awo àṣe awo
Ina awo àṣe awo
Ina awo àṣe awo
Ina susus urubawa
Ina awo àṣe awo

O tição arremessado por Aroni não encontrou os olhos de Ogbe Tumako. Desviou no ar com a magia da canção, caiu na cazuela e se apagou completamente.

Aroni ficou atordoado. "Como isso foi acontecer?! Você é grande e poderoso! Preciso me aliar a você!" Ogbe Tumako, que conhecia a boa conduta de Ifá, respondeu: "Grande, eu?! Não! Grande é meu pai! Mas seremos bons amigos!".

"Façamos um pacto", disse Aroni. "Da minha parte, vou te ensinar as virtudes de quatro folhas: *pèrégún*, bledo-branco, berdroega e atiponla. Elas são importantes porque abrem caminho para todas as cerimônias. Sem elas nada se pode fazer." Ogbe Tumako, por sua vez, disse: "Obrigado! Levarei esse ensinamento a meus irmãos de Ifá. Vou contar o que aconteceu aqui. E de hoje em diante sempre colocaremos uma pedra de carvão nas cazuelas em que prepararmos os banhos de ervas. Assim, nos lembraremos do poder de Aroni e todos saberão de nossa amizade".

COMENTÁRIO

Esse mito se encontra no Odu Ifá Ogbe Otrupon, ou Ogbe Tumako (Tratado [...], 2002). Não conheço variações de sua narrativa.

A importância dessa história parece se justificar facilmente. Ela nos apresenta as quatro folhas fundamentais da liturgia iorubana, sem as quais não se poderá realizar qualquer cerimônia de consagração. Talvez com essa afirmação, mais que em outras circunstâncias, é que possa ser dito *Kosi ewé, kosi orisá*, "sem folha, sem orixá". São elas: o *pèrégún*, ou pau-d'água (*Dracaena fragrans*); o bledo-branco, ou caruru (*Amaranthus viridis*); a berdroega, ou beldroega (*Portulaca oleracea*); e o atiponla, ou erva-tostão, ou pega-pinto (*Boerhavia erecta*) (Barros; Napoleão, 2021; Meihy; Freitas, 2021; Santos, 2014; Verger, 1995).

Todos os autores concordam que essas folhas são responsáveis por permitir o início das funções religiosas, sendo sempre as primeiras a serem usadas na preparação dos banhos litúrgicos.

Além de revelar o nome das quatro folhas sagradas, essa história também conta um segredo cerimonial. Não direi qual, é claro. Mas não considerei um problema confessar aqui o que a canção de Ogbe Tumako nos expõe. Senão, vejamos.

Ina awo àṣe awo, que se repete algumas vezes, pode ser traduzido da seguinte maneira: *ina*, fogo; *awo*, segredo; *àṣe*, potência (ou força vital). Então teremos algo como "o segredo do fogo, o segredo da força vital" ou "o segredo do poder". *Susususrubawa*, por sua vez, é uma palavra composta. Podemos tentar uma tradução com *súsùsú*, furtivamente, às escondidas; *rú*, atirar, lançar, e também o que se atira ou é atirado; e *báwá*, colocar alguém em situação difícil, embaraçosa, criar constrangimento (Beniste, 2014). Uma tradução dura da canção de Ogbe Tumako, portanto, nos levaria a "o segredo do fogo, o segredo da força vital (repetido quatro vezes) / o fogo foi atirado sem ser percebido, causando embaraço / o segredo do fogo, o segredo da força vital".

Para os sacerdotes de Ifá e Orixá que conhecem a canção de Ogbe Tumako e o momento em que é entoada, espero ter ajudado de alguma maneira.

OSSAIM E OS BRUXOS

Essa é a história de um homem, uma mulher e sua filha pequena. Ele se chamava Ogbe; ela, Oyekun; a filha, Oyekunilobe.

Ogbe e Oyekun viviam muito bem e felizes, sendo por isso invejados. Um feiticeiro chamado Olokoshe desejava conquistar os amores de Oyekun e começou a trabalhar suas magias perversas para prejudicar a união dos dois.

Oyekunilobe, filha do casal, era de Ossaim também filha. Inconformada com as ameaças que sofriam seus pais, resolveu agir. Ela invocou o poder de Ossaim para vencer os feiticeiros, e o deus das florestas prontamente respondeu: "Seus inimigos não estarão mais entre os vivos!", ele disse. "Ninguém que se atreva a ameaçar você, ou quem quer que você proteja, estará entre os vivos!"

Dizendo isso, Ossaim transformou todos os feiticeiros em pássaros, condenando-os a serem assim até os dias de hoje. E Ogbe, Oyekun e sua filha, Oyekunilobe, voltaram a ter tranquilidade.

COMENTÁRIO

Esse mito pode ser encontrado no Odu Ifá Oyekun Ogbe, ou Oyekunilobe (Tratado [...], 2002). Desconheço variações dele.

O tema da bruxaria – de que falamos em outro capítulo deste livro – aparece novamente aqui. Dessa vez, porém, não é Ossaim o bruxo, mas aquele que combate e vence os bruxos. Ou, pelo menos, Ossaim usa seus conhecimentos para lutar contra o mal, representado nessa narrativa pelos bruxos. O babalawo carioca André Bruno Nery, Ifá L'Ori, foi quem me alertou para a importância dessa história, referindo-se a ela como a que melhor evidencia o verdadeiro poder de Ossaim. E, de fato, Ossaim derrota os bruxos, o que nos leva a concluir que uma das armas mais eficientes para superar a bruxaria advém do uso correto das folhas.

Outra observação que cabe fazer aqui é como se dá a "morte" dos bruxos, transformados todos em pássaros. É frequente a referência a aves associadas às *Ajé* ou aos *Oṣó,* bruxas e bruxos. No Odu Ifá Obara Ojuani, por exemplo, são mencionados pelo menos três delas através de versos ameaçadores: "O pássaro *Agbè* tem a voz de quem mata / O pássaro *Alukò* tem a voz de quem envenena / O pássaro *Lékeléke* tem a voz de quem diz eu farei o mal" (Pópóolá, 1997). Além dessas, o *Ikódídè*, ou *Ekódidè*, completa o conjunto das quatro aves sagradas de Olodumare. O mais conhecido entre os pássaros identificados com as *Ajé*, porém, é o *Òwíwí*, a coruja. Mas esse já é tema para ser aproveitado em outra pesquisa.

OSSAIM E SEU SACERDOTE

No tempo em que essa história foi contada pela primeira vez, havia um sacerdote de Ossaim muito pobre, que vivia em uma cidade muito pobre e que só atendia a pessoas muito pobres. Apesar dessa pobreza toda, ele nunca deixou de cuidar daqueles que procuravam por ele. E, como o dinheiro era problema nesse lugar, o tal sacerdote de Ossaim aceitava que pagassem por seus serviços com comida ou qualquer outra coisa que se arranjasse.

Um dia, Iku, "o" Morte, chegou tarde da noite para buscá-lo em seu trabalho. A porta estava fechada e do lado de fora esperava um homem, que, como todos daquela cidade, era também muito pobre. Ele aguardava o sacerdote sentado na soleira da porta. Iku foi gentil. Chegou perguntando se morava ali um sacerdote de Ossaim. O pobre homem respondeu que "Sim, é aqui mesmo". Então Iku retirou sua máscara e disse:

"Hoje ele vem comigo!". O pobre homem, assustado, retrucou: "Mas como?! Justo ele?! Ele é um homem bom! Assim ficaremos sem proteção! Agora mesmo está lá dentro preparando um remédio para meu filho, que anda muito doente! Por favor, se você quer levar alguém, é melhor que seja qualquer um de nós!".

Iku, convencido pelo argumento, disse: "Você tem razão. Hoje não será o dia dele me acompanhar. Mas será o seu". E dizendo isso, sem fúria ou bruteza, tomou a mão do pobre homem e o levou consigo.

COMENTÁRIO

Encontrei essa história no Odu Ifá Oyekun Iroso, ou Oyekun Biroso (Tratado [...], 2002). Não sei de outra versão que venha a ter.

Repare que Ossaim não se apresenta como personagem. Atuam nela o pobre homem, Iku ("o" Morte) e o Sacerdote de Ossaim. Acreditei, porém, ser interessante recontá-la para insistir nos aspectos benévolos daqueles que se dedicam aos segredos das folhas. Aliás, é curioso notar que os três personagens parecem agir com boas intenções. Mesmo Iku, sempre tão temido, procede sem qualquer manifestação de maldade. Ao contrário disso, além de cumprir com suas tarefas protocolares de levar a passeio os vivos, Iku ainda ouve o argumento do pobre homem e entende que ele tinha razão. Certamente é uma história que previne não sair por aí em defesa de quem quer que seja, correndo o risco de se colocar em apuros.

OSSAIM, O ESCRAVO DE ORUNMILÁ

Contam os antigos que um dia Orunmilá foi ao mercado para comprar um escravo. Sua casa andava precisando de uma boa arrumação e naquele tempo comprar escravos não era coisa que se condenasse. Então Orunmilá – aquele que tem inteligência, conhecimento e sabedoria – comprou o escravo preciso e se pôs no caminho de volta para casa.

Quando chegaram, Orunmilá disse: "Olhe bem, esse quintal anda muito sujo! Quero que você tire todo esse mato até o fim do dia". E foi-se embora cuidar da vida.

Já era de tardinha quando Orunmilá apareceu nos fundos de sua casa para conferir o trabalho do escravo recém-adquirido. Mas nada tinha sido feito. "Você não trabalhou todo esse tempo?! Por que não fez o que te mandei?!" Não se disse até agora, mas o escravo de Orunmilá era Ossaim. Ele respondeu: "Mas, Babá... essas folhas são muito preciosas! Veja aquela ali: é ótima para dor de barriga; aquela outra é perfeita pra curar dor de cabeça; essa aqui ajuda as mulheres que têm cólicas; essas, por sua vez, devem ser usadas em todas as cerimônias religiosas...".

Orunmilá entendeu o que tinha acontecido e desde então tem Ossaim como assistente de confiança, ajudando sempre que necessário com os conhecimentos que possui das folhas.

COMENTÁRIO

Essa é uma das histórias mais conhecidas de Ossaim. Ela pode ser encontrada no Odu Ifá Iwori Obara, ou Iwori Bara, ou Iwori Obere (Tratado [...], 2002). Bernard Maupoil (2017) já a havia contado, sendo seguido posteriormente por George Simpson (1980), Ulli Beier (1980), José Flávio Pessoa de Barros (1993), Pierre Verger (2000), Mãe Stella (Santos, 2014) e Reginaldo Prandi (2001), pelo menos. Sobre essas diferentes versões, só seria possível anotar as peculiaridades de estilo dos autores, sem qualquer significativa mudança de sentido, acréscimo de personagens ou de enredos. Só não sei dizer se o fato de ter sido contada tantas e tantas vezes denota a importância que possui, ou uma deferência à obra de Maupoil – ao que parece, o primeiro a anotá-la –, ou a falta de conhecimento de uma maior variedade de histórias que tenha Ossaim como seu personagem principal.

Porém, o que chama a atenção é ela sempre ser contada de tal forma a deixar Ossaim em uma condição de inferioridade relativa; afinal, ele é comprado como escravo e assim é mantido, apesar de se revelar como alguém que detém tantos conhecimentos e, por essa razão, acabar se tornando um colaborador de Orunmilá. Apenas no Tratado de Ifá (2002) se encontra uma indicação "suavizadora" desse relacionamento, dizendo que "Orunmilá, graças à hospitalidade que concedeu a Ossaim, não precisou mais trabalhar a terra, vivendo desde então da cura dos enfermos". Repare o leitor exaltado que o eufemismo "hospitalidade" foi usado aqui como um torto substituto da condição em que se encontrava

Ossaim como escravo. Por sua vez, Mãe Stella também aposta nesse "abrandamento" – se é mesmo possível dizer assim –, se referindo a Ossaim como um servo. Em resumo, nenhuma versão diz que Orunmilá libertou Ossaim depois que descobriu o que ele sabia sobre as folhas.

É verdade que os sacerdócios de Ifá e de Ossaim são complementares, não sendo por acaso que essas duas divindades estejam sempre associadas nos mitos, brigando, fazendo as pazes e estabelecendo pactos para que possam colaborar. Mas essa história legitima uma indesejável relação de subserviência, revelando muito mais os problemas de competição religiosa do que propriamente uma suposta supremacia notada na relação entre os deuses (Athayde, 2022, 2023).

Por último, é importante destacar que os tratados latino-americanos de Ifá, em razão dessa história, indicam em Iwori Obara o surgimento do cargo de *Oluwo Ossaim*, ou seja, o sacerdote encarregado das funções litúrgicas relativas a Ossaim.

OSSAIM É VENCIDO

Houve um tempo em que Ossaim não fazia outra coisa senão suas maldades e feitiços. Ele usava toda a sorte de folhas e paus e raízes que encontrava pela floresta; também se valia da pólvora, que pega fogo, das bebidas, que botam fogo, dos pós, que põem fogo. Mas Ossaim não tinha nada de seu. Apesar de sempre realizar suas coisas com rapidez e eficiência, vivia sujo, malvestido e sem ideia do que o futuro poderia lhe trazer. Ossaim não vivia bem.

Nessa mesma época, todos aqueles que cuidavam de Ifá e dos orixás estavam satisfeitos: andavam limpos, com boas roupas e com propósitos para suas vidas. Só Ossaim não.

Ossaim, triste com seu estado, foi ter com Xangô. Ossaim não queria mais viver daquele modo. Xangô disse que ele mesmo, o rei mais bonito, aquele que todos amam e querem seguir, que ele, Xangô, também tinha sido feiticeiro.

Mas desde que conheceu Orunmilá andava limpo, bem-arrumado, e ele conhecia conhecia o melhor que seu destino poderia reservar.

Ossaim se apresentou a Orunmilá. Trouxe suas folhas, suas raízes, suas árvores. Orunmilá deu conselho. E, desde então, Ossaim passou a andar limpo, arrumado e dono de sua própria sorte.

COMENTÁRIO

Essa é uma história do Odu Ifá Odi Ogbe, ou Erdibre (Tratado de [...], 2002). Não sei de outra versão que ela tenha.

É interessante notar como Ossaim se rende à sabedoria de Orunmilá para que possa ajeitar sua vida. Repare que isso não é raro acontecer. O mesmo pode ser observado nas relações entre Oxalá e Orunmilá. Nesses dois casos, porém, parece se refletir novamente um conflito de interesses entre dois tipos diferentes de sacerdócio, e não entre duas divindades concorrentes. Eu já havia apontado esse problema em outras ocasiões (Athayde, 2022, 2023). De qualquer forma, essa é mais uma das histórias em que Ossaim se encontra em condições relativamente desvantajosas em relação a Orunmilá. Ainda teremos outros exemplos disso.

OSSAIM QUIS ABUSAR DE OXUM

Dizem que na época em que Oxalá vivia nas terras de Ibadan, a cidade entre as florestas, sua filha Oxum cuidava da casa. Por esse tempo antigo, Oxalá já era bem velho e precisava de ajuda. Oxum tratava de tudo para seu pai, o leva e trás das coisas, o movimento, a agitação. Desse modo, Exu, o mensageiro divino, também andava por lá, fazendo o que era preciso para que a casa de Oxalá tivesse vida necessária.

Em um dia daqueles, Oxalá preparou uma bebida mágica. Era para Ossaim, que vinha tentando lhe fazer prejuízo. Ou assim ele pensava ser. Oxalá chamou sua filha amada Oxum, bonita como só a boniteza pode ser, para que levasse a beberagem que enfeitiçaria Ossaim. Não seria tarefa fácil. "Leva essa poção que preparei para Ossaim", disse Oxalá. "Leva aqui, em uma quartinha de barro, e enterra aos pés da árvore sagrada de iroco. Desse jeito Ossaim não poderá mais me ameaçar. E muito cuidado, minha filha: por nada desse mundo beba isso!".

Orunmilá, o senhor do destino, aquele que tem inteligência, conhecimento e sabedoria, andava ali por perto e ouviu a conversa. Orunmilá aconselhou Oxum a fazer *ebó* antes de cumprir sua missão. "Ossaim é dono da floresta", disse ele. "Não é possível entrar em seus domínios sem que venha a saber o que está acontecendo. Todos os caminhos da mata são vigiados; todos têm feitiços preparados, feito armadilhas contra os invasores. Faça *ebó* antes de ir, Iyalode!" Mas Oxum não deu ouvidos a Orunmilá e partiu.

Oxum entrou no reino de Ossaim e por lá andou bastante tempo até encontrar a árvore sagrada de iroco. Ela estava com sede e cansada. Então, quando se abaixou para enterrar a quartinha com a bebida que Oxalá havia preparado, ouviu uma voz. Era a voz de Oxalá. Mas era mesmo? Não, não era! Era uma das ciladas de Ossaim, o dono da floresta. Era o espírito de um morto, aprisionado por Ossaim, que imitava a voz de Oxalá. E a voz dizia: "Minha filha amada! Veja: a casa de Ossaim! Você já chegou! Você está cansada e com sede, não está? Bebe da quartinha que te dei. Pode beber". E, sem perceber que não se tratava do pai querido, mas sim de uma arapuca de Ossaim, Oxum bebeu e caiu no mesmo instante adormecida.

Bem longe dali, Exu e Orunmilá estavam preocupados com a demora de Oxum. Onde ela está que já não voltou?! Então Orunmilá partiu um fruto de obi branco e ofereceu uma pomba, também branca, em um galho de malva-branca. Com o ramo preparado, Orunmilá correu por dentro da floresta, varrendo seus caminhos. Todos os mortos enfeitiçados que vigiavam os domínios de Ossaim fugiram desesperados.

Orunmilá entrou apressado na casa de Ossaim, e a cena que encontrou não era nada boa. Ossaim estava prestes a abusar de Oxum, que ainda não tinha recuperado os sentidos. Orunmilá imediatamente usou das palavras mágicas que conhecia e fez um raio cair do céu, destruindo Ossaim.

Depois de salvar Oxum, Orunmilá preparou um chá com as folhas da malva-branca para que ela despertasse suavemente e assim pudessem voltar para casa.

COMENTÁRIO

Encontra-se essa história no Odu Ifá Iroso Otura, ou Iroso Turale, ou Iroso Tura (Tratado [...], 2002). Conheço dela apenas a versão que usei aqui para recontá-la. Quem me lembrou de sua relevância foi o babalawo carioca Rodrigo Ifayode Sinoti. Além do caráter evidentemente malévolo que Ossaim revela, Ifayode percebe também o que chamou de "imperativo ético" como algo a ser destacado. Vou tentar explicar.

Ao leitor vigilante não deve ter passado despercebido o fato de Oxum não ter feito *ebó*. E, antes que os furiosos ponham-se de pé contra a leitura que irá se fazer aqui, é rigorosamente necessário – e óbvio! – afirmar que Oxum é a grande vítima dessa história. Para início de conversa, já não seria um despropósito pensar que o fato de estar metida em casa, com afazeres domésticos e cuidando de seu pai poderia ser visto como uma forma de abuso; e que, da mesma maneira, enviá-la para uma missão evidentemente perigosa teria também o mesmo caráter. Mas vamos com calma. Nesse mito, cuidar da casa do pai é cuidar da casa de Oxalá, o que configura uma honraria. De forma análoga, mandar Oxum para uma missão de grande risco não é exatamente um problema, porque se trata de Oxum, uma das divindades de maior poder no universo de crenças iorubanas. O problema – isso sim – é transferir esse enredo para a vida dos humanos; então estaríamos autorizados a dizer que se trataria de relações muito provavelmente abusivas.

Agora sobre o *ebó*. Ifayode apontou o tal "imperativo ético" porque, em todas as histórias que conhecemos da vastíssima literatura oral de Ifá, fazer *ebó* se impõe como uma forma de conduta adequada. E essa é, podemos dizer, uma imposição universal: fazer o *ebó* sempre é garantia de superação de problemas; fazer o *ebó* permite que sejam evitados os riscos, as adversidades, os obstáculos;

fazer o *ebó* certifica a capacidade de obter bons resultados em nossos projetos. Além disso, fazer o *ebó* também manifesta virtudes como a humildade, o respeito e a prudência. Então, entenda o leitor escrupuloso que Oxum de forma alguma causou o próprio infortúnio: ela é vítima de Ossaim. Mas o fato de ter se negado a fazer o *ebó*, como lembrou Ifayode, comprometeu o sucesso de sua missão e ainda a colocou em perigo.

Por fim, gostaria de fazer um ou outro comentário sobre a folha e a árvore que são nomeadas nessa história.

A malva-branca (*Waltheria americana*) é uma das folhas usadas em cerimônias de Oxalá. Murilo Meihy e Eduardo Freitas (2021, p. 423) lembram que ela possui "propriedades mucilaginosas e emolientes". Suas folhas são utilizadas, entre outras coisas, para as erupções de pele, limpeza de feridas, tratamentos contra a sífilis e... lavagens vaginais. Sabendo disso, podemos entender melhor sua presença nessa história.

Para o povo Iorubá, o iroco (*Chlorophora excelsa*) é uma das árvores sagradas de maior importância litúrgica. Ela é comum na costa ocidental africana, mas no Brasil é frequentemente substituída (ou adaptada) pela gameleira-branca (*Ficus insipida*). Segundo José Flávio Pessoa de Barros e Eduardo Napoleão (2021, p. 255), o iroco "é considerado [...] como moradia e local de adoração da entidade fitomórfica de origem jêje-nagô, Irókò". Além disso, suas folhas são usadas para diversos objetivos litúrgicos e medicinais, sendo postas "sob o travesseiro do doente [...] [para] espantar a morte" (Barros; Napoleão, 2021, p. 255). Podemos então presumir que Oxalá achou ser apropriado deixar a quartinha com seus encantamentos nos pés do iroco para afastar a ameaça da morte. Mais uma vez, tendo disso conhecimento, melhoramos a compreensão da escolha dessa, e não de outra árvore qualquer.

OSSAIM E O INCÊNDIO NA FLORESTA

Há muito tempo atrás, muito antes de haver depois, Xangô consultava o oráculo de Ifá com a ajuda de Exu e Ossaim.

Mas Xangô sempre gostou de festa. Não podia ouvir música sem que suas pernas mexessem; não podia sentir o cheiro do amalá sem que sua boca salivasse; não podia ver as mulheres sem que seu corpo inteiro agitasse. Ah, Xangô! Quando se aprontava para uma festa, não havia jeito. Se alguém chegasse com seus problemas, Xangô atendia a criatura de má vontade e a despachava para Ossaim resolver com uma folha qualquer. "E o ebó?" "Ebó?! Ebó resolva com Exu!"

Até que um dia Xangô entendeu que aquilo já não podia ser. Ele precisava de um substituto. Exu e Ossaim logo imaginaram que seria um deles a assumir as responsabilidades da consulta oracular. Mas não foi bem isso que aconteceu.

Xangô chamou Exu e disse que precisava falar com Orunmilá. "Mande-o vir aqui", ordenou. Exu, como sempre, não perdeu tempo. Correu para avisar Orunmilá do recado de Xangô.

Quando Orunmilá chegou, ouviu de Xangô um pedido com jeito de ordem: "Você precisa assumir meu lugar!". "Mas como?!", se espantou Orunmilá. "O que pensará Olofin, nosso pai?!" Xangô sorriu e disse que já tinha pensado nisso também. "Não se preocupe, Orunmilá", respondeu ele. "Você precisa de um *ebó* com azeite de palma, fogo e algodão. Te ensino como fazer." Orunmilá fez o *ebó* e assumiu as responsabilidades que eram até ali de Xangô, passando depois disso a consultar o oráculo de Ifá. "E se precisar de minha ajuda – completou o senhor dos raios e trovões – faça novamente essa oferenda, que venho em seu socorro." E assim se resolveram as coisas. Ou quase.

Exu e Ossaim não gostaram nada do arranjo. Mesmo assim, contrariado com a desfeita, Exu seguiu ajudando Orunmilá, como fazia com Xangô. Mas Ossaim, não. Ossaim se recolheu na floresta, inconformado. Usou tudo o que sabia dos feitiços com folhas, raízes e madeiras de árvores para prejudicar Orunmilá.

Percebendo que as coisas não iam bem, Orunmilá consultou Ifá e entendeu que tentavam lhe fazer mal através de perigosos artifícios mágicos. Lembrando do que havia prometido Xangô, Orunmilá preparou um alguidar com o azeite de palma, o algodão e o fogo. Deixou aos pés do dendezeiro e voltou para casa. Vendo o sinal, Xangô correu para ajudar Orunmilá. Mas no caminho encontrou com Ossaim trabalhando seus feitiços. Xangô não pensou duas vezes: jogou seus raios de fogo na floresta, que inteira se queimou.

Lá de dentro do incêndio, Orunmilá ouviu alguém pedindo socorro. Alarmado, Orunmilá correu na direção da voz e encontrou Ossaim caído no chão, sem um braço, sem uma perna, sem uma orelha e sem um olho. Orunmilá tomou Ossaim em seu colo e o levou para casa.

Depois de muito tempo e cuidado, Ossaim se restabeleceu, pediu perdão por sua má conduta e jurou fidelidade a Orunmilá, passando a trabalhar a seu lado.

COMENTÁRIO

Essa é uma história do Odu Ifá Iroso Oshe, ou Iroso She (Tratado [...], 2002). Uma variação bastante simplificada dela se encontra no Odu Ifá Osa Iroso, ou Osa Roso, omitindo-se todos os detalhes que compõem a narrativa que encontramos em Iroso She. Nela, Orunmilá nos é apresentado como um personagem que passava por necessidades, e que por isso consultou Ifá e fez *ebó*. Enquanto deixava a oferenda no local determinado, um fogo se alastrou pela floresta, destruindo tudo o que tocava. Mais tarde um homem pediu ajuda a Orunmilá, revelando ser Ossaim, o causador dos infortúnios pelos quais passava. Ele queria o perdão de Orunmilá. Os dois então se entenderam e se tornaram bons amigos. O leitor dialético deve ter notado que, nessa versão, os contextos e motivações de Orunmilá ou Ossaim não são apresentados. Também não encontramos a presença de Exu ou Xangô, que não é aqui apontado como o causador do fogo que se alastrou pela floresta. Até mesmo as deformações que Ossaim adquiriu no incêndio não ficam indicadas com clareza.

Na verdade, essa história bem conhecida possui inúmeras versões. Deixei indicadas algumas delas capítulos atrás. Somente Lydia Cabrera (1990) nos oferece quatro delas, e Reginaldo Prandi (2001) também a reconta. Em todos esses casos, porém, não são referidos os episódios em que Xangô nos é apresentado inicialmente como um sacerdote de Ifá, tendo Exu e Ossaim como seus ajudantes. Também nada se diz sobre as intenções de Xangô em abandonar os trabalhos que tinha, transferindo suas responsabilidades para Orunmilá. (Não é o caso de discutir esse tema agora; no entanto, é necessário deixar indicado que o sacerdócio de Xangô também aparece relatado em outros Odu Ifá, como em Ejiogbe e Iroso Meji.) Da mesma maneira, não temos acesso ao diálogo entre Xangô e Orunmilá, o que nos revelaria as motivações que levaram finalmente ao incêndio na floresta e ao desastre com Ossaim.

Essa versão que apresentei aqui é quase exatamente a transcrição da história que pode ser lida no Tratado de Ifá (2002), de amplo conhecimento dos babalawos da diáspora latino-americana. Esse tratado, produzido na Venezuela, possui mais informações e detalhes, que deixei apontados aqui, todos muito relevantes, seja do ponto de vista de algumas ações litúrgicas, seja da própria compreensão relativa aos personagens envolvidos.

OSSAIM E ORUNMILÁ FIZERAM UM PACTO

Quando chegou o tempo dos orixás virem ao mundo, eles consultaram o oráculo de Ifá. Era preciso que se informassem para fazerem boa viagem. Cada um deles se preparou com seus apetrechos e suas melhores roupas. Só Ossaim não possuía nada de seu e se apresentou completamente nu para a jornada.

Envergonhado, Ossaim se aproximou dos mortos, que sempre têm tantos tecidos coloridos para cobrir seu segredo de já não existir, e pediu: "Por favor, me emprestem uns panos para que possa chegar ao mundo vestido". Mas os mortos sequer ouviram e foram embora.

Ossaim via os deuses, tão bonitos com suas vestimentas vermelhas, pretas e brancas, azuis, verdes e amarelas, e repetia o pedido: "Por favor, me emprestem qualquer trapo, para não chegar ao mundo como uma árvore sem folhas". Mas nenhum dos orixás lhe dava atenção.

Orunmilá foi o último dos deuses a embarcar. Ossaim, a essa altura desesperado por não conseguir passagem decente para o mundo, se agarrou a Orunmilá e disse: "Por favor, Orunmilá! Já que não tenho nada para vestir, me leva nas costas e me cobre com suas roupas". Mas Orunmilá respondeu: "Ossaim, querido, eu não tenho ossos, você sabe. Mal consigo andar; como poderia te carregar nas costas?!". Ossaim não desistiu, implorava a Orunmilá: "Me leva, por favor!". Então ocorreu uma ideia a Orunmilá. "Escute: você quer chegar ao mundo, certo?" "Sim, sim! Quero muito!", respondeu Ossaim, ansioso. "Então vamos fazer desse jeito", disse Orunmilá, "Vou engolir um pó mágico e você poderá entrar por minha boca e se abrigar em meu estômago". Assim fez Orunmilá, trazendo Ossaim ao mundo em sua barriga.

Quando chegaram, Orunmilá disse a Ossaim que ele já poderia sair. Mas, qual o quê! Ossaim respondeu que estava muito bem por ali.

Orunmilá reclamou, dizendo que "Esse é meu ventre, você não pode ficar aí!". "Não saio!" "Uma hora você precisará sair para comer!" Mas Ossaim replicou com malícia: "Quando chegar a fome, terei suas entranhas para me servir de alimento". Ah, Orunmilá foi traído!

Como acontece em situações assim, Orunmilá correu para consultar o oráculo de Ifá. Era preciso fazer alguma coisa para se livrar do problema. Então a ele foi aconselhado que preparasse uma oferenda com um cabrito e um galo servidos em uma grande cazuela. E que, além disso, deveria cantar para Ossaim uma cantiga enfeitiçada. Assim foi feito. Ossaim não resistiu à comida e ao encantamento, saiu pela boca de Orunmilá e foi se fartar com o pequeno banquete.

Enquanto se deliciava com o repasto, Ossaim reconheceu a inteligência de Orunmilá para escapar da armadilha em que foi posto. Da mesma maneira, Orunmilá entendeu o tamanho do poder que Ossaim possuía. Foi por esse motivo que os dois firmaram um pacto secreto – que aqui não se conta como foi para que continue desse modo –, passando a colaborar sempre que alguém precise de ajuda.

COMENTÁRIO

Essa história pode ser encontrada no Odu Ifá Ojuani Otrupon, ou Ojuani Batrupon (Tratado [...], 2002). Conheço apenas essa versão. Foi o babalawo Daniel Jacuá, Ifáfemi, quem me apontou sua importância. Ele me lembrou que Ossaim é mais uma vez aqui retratado como um personagem "com alguma dificuldade de se encaixar, uma espécie de *outsider*, um estranho". Isso porque, nesse caso, ele era o único entre as divindades que andava sem roupas, se vendo por esse motivo deslocado, envergonhado. Situação que parece insólita, visto que Ossaim é uma divindade, como todas as outras são, sem motivos declarados para sua nudez ou menos ainda para o constrangimento de se ver naquela condição. O leitor diligente também deve ter notado mais uma vez o tenso relacionamento entre Orunmilá e Ossaim, bem como a superação de seus problemas através de um acordo, ou amizade, ou colaboração. Mas não são esses os aspectos mais interessantes que podemos destacar.

Ifáfemi observou que existe outra história, muito semelhante a essa, relatada no Odu Ifá Osa Meji. Ao contrário, porém, de ser Ossaim quem desejava embarcar para o mundo, eram as Iyá Mi Oxorongá, conhecidas como as *Ajé*, as feiticeiras. Não cabe aqui avançar em qualquer comentário superficial, ligeiro ou leviano acerca dessa, digamos, "espiritualidade". O assunto é grave demais e ainda espera por um estudo de fôlego, visto que pouca coisa séria foi produzida no Brasil sobre o tema (Santos, 1986; Verger, 1992). Para efeitos deste rápido comentário, basta saber que, em Osa Meji, as Iyá Mi Oxorongá desejavam vir ao mundo, mesmo com a proibição expressa de Olodumare. Coisa bem diferente do que se relata sobre Ossaim, que apenas não tinha roupas para a viagem. Porém, o artifício de virem escondidas na barriga de Orunmilá é o mesmo, bem como sua recusa em sair de lá, argumentando que estavam bem acondicionadas e alimentadas. Em ambos os casos, Orunmilá se vê igualmente obrigado a oferecer uma saborosa comida para se livrar da deslealdade de que foi vítima.

Mas o que parece ser verdadeiramente notável acerca das semelhanças que essas histórias possuem é a relação – que mais uma vez se evidencia – entre Iyá Mi Oxorongá e Ossaim. Como já havia referido capítulos atrás, Simpson (1980, p. 42) chega a afirmar que Ossaim é "o verdadeiro poder por trás das Ajé, e é ele o responsável por resolver problemas com elas". Para os afoitos, gostaria de deixar claro que podemos até nos questionar se as duas divindades teriam chegado ao mundo pelos mesmos mecanismos traiçoeiros.

Mas não estamos autorizados a concluir que sejam modalidades da mesma energia; menos ainda que *são* a mesma energia. Isso, porém, já é trabalho para outra pesquisa.

OSSAIM É FANHO

Nessa história, Ossaim era rei da cidade de Ikosi. Ele e seus filhos possuíam virtudes encantadas que residiam em seus estômagos, não em suas cabeças. Por essa razão, conseguiam falar sem que movessem a boca, como fazem os ventríloquos.

Ossaim e Orunmilá eram muito amigos e costumavam trabalhar juntos: Ossaim com suas folhas e raízes, enquanto Orunmilá usava seus conhecimentos de Ifá. Orunmilá, nesse reino de Ossaim, era por todos conhecido como *Okini fifun inu*, que poderia ser traduzido livremente como "aquele que tem muitas coisas por dentro".

Ossaim reclamava com Orunmilá por não conseguir falar como todos os outros orixás fazem, que ele e seus filhos gostariam de usar a boca da mesma forma que as demais criaturas desse mundo. Orunmilá, desejando ajudar o amigo, sentou-se em sua esteira para consultar o oráculo de Ifá. Assim ficou sabendo que haveria um modo de eles falarem com a boca. Seria necessário fazer oferenda com três galos e três galinhas. Mas Ossaim, informado da solução, sacrificou apenas um galo e uma galinha.

Depois disso, a voz até que veio à garganta de Ossaim. Mas chegou estranha, entrecortada e fanhosa em sua boca. O mesmo acontecendo com seus filhos, que mal conseguiam se entender. Desgostoso, Ossaim foi reclamar com Orunmilá. "Mas você fez o que foi indicado?" "Sim, fiz!" "Você ofereceu os três galos e as três galinhas como te falei?" "Bom... Ofereci só um." "Ah!", disse Orunmilá, "então trata de fazer as coisas como foram marcadas!"

Ossaim correu para completar o sacrifício com mais dois galos e outras duas galinhas. Logo, logo seus filhos passaram a falar com a própria boca, sendo possível ouvi-los com clareza. Ossaim, porém, não conseguiu o mesmo e segue sendo fanho até os dias de hoje.

COMENTÁRIO

Essa história se acha no Odu Ifá Otura Obara, ou Otura Bara (Tratado [...], 2002). Dela, só conheço essa versão. Apesar disso, no Odu Ifá Ogbe Iwori, ou Ogbe Weñe, também encontramos referência aos fanhosos, relatando o caso desastrado da distribuição do nariz aos humanos (Castro, [19--]). Essa história, porém, não envolve Ossaim.

Havia me comprometido com o leitor sereno que ainda contaria a história em que Ossaim é apresentado como fanho. Finalmente! Perceba que não se explica a razão do fenômeno (ao contrário do que nos conta o Odu Ifá Ogbe Weñe); ele só está apontado como um dado narrativo. Ainda assim, é bastante significativo termos conhecimento que as virtudes de Ossaim e seus filhos advêm do ventre. Não só por nos revelar os motivos de uma voz projetada com dificuldade mas também por deixar claro que as virtudes de Ossaim estão localizadas em sua barriga. Essa característica é relatada por Lydia Cabrera (1990) e, depois dela, por outros autores (Barros, 1993; Verger, 2002).

Como disse anteriormente, Lydia Cabrera chega a apontar a habilidade para a ventriloquia de que eram dotados alguns sacerdotes de Ossaim. Através dessa história ainda podemos refletir sobre o modo de fala de Ossaim e seus filhos, que *advinha* do ventre, um ventre falante, um ventríloquo.

OSSAIM VENCE A MORTE

Morte era rei em sua terra. Lá todos o conheciam como Iku Dúró. Próximo de seus domínios vivia Ossaim em uma imensa floresta, ganhando fama com suas façanhas. Chegaram aos ouvidos de Iku Dúró as notícias sobre os grandes poderes de Ossaim. Ele não gostou nada do que ouviu. "Ossaim vai me destronar", pensou Iku Dúró. "Mas, antes que isso venha a acontecer, vou atacá-lo e destruí-lo!"

Iku Dúró arregimentou suas tropas, formadas por milhões de mortos, avançando pela floresta de Ossaim, que, por sua vez, contava com suas milhões de folhas. A guerra foi terrível, não sendo possível saber quem a venceria.

Ossaim então resolveu procurar por Otura She, que era sacerdote afamado de Ifá. Ele também era inimigo de Iku Dúró. "Vem comigo!", disse Otura She. "Vamos fazer *ebó* e juntos venceremos Iku Dúró!"

Otura She levou Ossaim à beira de um rio e fez *ebó*. O que foi usado para o sacrifício já não se revela, porque, afinal, existem coisas que nem todos devem saber, e menos ainda é correto divulgar.

Iku Dúró investiu sobre Ossaim e Otura She ali mesmo na beirinha da água. Mas, antes que pudesse ferir seus inimigos, Iku Dúró se distraiu com um dos pássaros do *ebó*, que voou acima de sua cabeça. Ossaim aproveitou a desatenção de Iku Dúró e soprou um pó mágico com o poder de Otura She em seu rosto. O Rei do Reino da Morte inalou fundo o pó, se vendo tonto e indefeso.

Iku Dúró, reconhecendo a derrota iminente, retira-se correndo do campo de batalha, deixando Ossaim e Otura She com a vitória.

Desde então, quando Ossaim e Otura She unem suas forças, é possível vencer Iku Dúró.

COMENTÁRIO

Podemos encontrar esse mito no Odu Ifá Otura Oshe, ou Otura She (Tratado [...], 2002). Conheço apenas esse modo de contá-lo.

O que se pode depreender dessa história é na verdade bem simples: os poderes de Ossaim, combinados com os do Odu Otura She, são capazes de vencer a morte. Então estamos falando daqueles casos em que a vida de alguém está por um fio e é possível reverter a situação, evitando que um paciente venha a óbito. Mas, é bom dizer, contra a morte nunca haverá vitória definitiva.

Note que Iku Dúró abandona o campo de batalha derrotado. Mas não morre! Por mais estranho e primário que isso possa soar, a morte não morre. Não quero entrar aqui na discussão sobre esse personagem, Iku. Esse também seria um bom tema para uma extensa pesquisa a ser feita no futuro. Nesse momento, desejo apenas lembrar que, entre os Iorubá, Iku é uma divindade masculina, "o" Morte. E que, nesse mito que recontei, ele recebe o nome de Iku Dúró, podendo ser traduzido como"morte que espera" (*Dúró*, espera, espera de pé – Beniste, 2014). Também gostaria de sugerir outra possibilidade de interpretação, se traduzisse Iku Dúró por "morte é certo", por ser seguro esperar por ele e por ter razão em fazer seu trabalho de levar os vivos deste mundo.

De qualquer maneira, mesmo sendo derrotado na batalha contra Ossaim e Otura She – o que é ótimo, sem dúvidas! –, Iku Dúró sempre espera a hora de sua vitória.

OSSAIM E OS VENTOS DE OYÁ

Quem não conhece essa história? Todos sabem dela. E, se é possível que alguém ainda não a conheça, chegou a hora de aprender.

Quando o mundo ainda era menino, Olodumare entendeu que cada um de seus filhos, os orixás, deveria ter uma responsabilidade. A Exu entregou o movimento que têm todas as coisas; a Ogum, a inteligência que dobra os metais para fazer instrumentos; a Olokun concedeu o governo dos oceanos e suas criaturas; a Iemanjá, o poder sobre os litorais; a Oxum, o mando das águas doces; a Oxalá deixou a responsabilidade de criar os humanos; a Oyá confiou o controle dos ventos, das tempestades, das tormentas; a Xangô, o raio, o fogo e o trovão. A todos Olodumare agraciou com uma governança. Para Ossaim, você já deve saber, entregou os segredos das folhas.

Ossaim se fez afamado com as ciências de cura. Todos os humanos recorriam a seus conhecimentos para que se livrassem das doenças que machucam o corpo, das aflições que fazem doer a alma, e até mesmo para enganar a morte por um tempo. Os humanos amavam e respeitavam Ossaim. Tanto que outros orixás entenderam que deveriam possuir suas próprias folhas.

Xangô foi ter com Ossaim. Ele, o rei mais bonito, desejava que as folhas fossem partilhadas. Mas Ossaim disse: "Não! Esse é meu domínio! Não te peço o raio, o fogo e o trovão. Não me peça as folhas!". Xangô não gostou nada da resposta. Saiu contrariado e foi se encontrar com Oyá, aquela que tem os pés vermelhos. Xangô falou de sua conversa com Ossaim. Disse que ele não queria dividir com ninguém o conhecimento das folhas. Disse também que Ossaim guardava esses segredos em uma cabaça pendurada no alto de uma árvore. "Oyá, sopra seu vento forte, faz a cabaça tombar e partir! Todos nós merecemos ter nossas folhas!" Convencida por Xangô – quem por ele não se encanta?! –, Oyá sacudiu suas saias e uma tempestade se formou. Os galhos das árvores balançaram de cá pra lá e a cabaça de Ossaim tombou e partiu.

Nessa hora, o vento forte de Oyá espalhou todas as folhas de Ossaim. É por esse motivo que se diz *Oyá iji ti ṣe ewe iti bajo bajo*, "Oyá é o vento forte que faz as folhas da árvore se espalharem por toda parte". Ossaim se desesperou. Ele gritava: *Ewé ô! Ewé wa sá!*, "Saudação às folhas! As folhas funcionam!". E, dizendo isso, fez um gesto com suas mãos e todas as folhas voltaram para seu lado. Quer dizer... Nem todas. Os orixás, liderados por Xangô, agiram rápido. Cada um pegou para si algumas das folhas de Ossaim. Mas a história ainda não acaba por aqui.

Acontece que, sem o conhecimento de Ossaim, as folhas não têm poder. Xangô foi o primeiro a se dar conta disso e foi conversar com Ossaim sobre o assunto. Ossaim disse que eles poderiam ficar com as folhas que apanharam. Não haveria problema. Mas saber o que elas fazem, ou melhor, saber as palavras encantadas para que tenham efeito, cantar suas cantigas para que liberem sua força, disso só ele, Ossaim, poderia ter conhecimento.

É por essa razão que cada orixá possui suas próprias folhas. É verdade. Mas, sem a sabedoria de Ossaim, as folhas não têm eficácia.

COMENTÁRIO

Essa é uma história bem conhecida. Ela se encontra no Odu Ifá Oshe Yeku e foi contada com pequenas variações por Lydia Cabrera (1990), Sangirardi Jr. (1988), Pierre Verger (1997), José Flávio Pessoa da Barros (1993), Reginaldo Prandi (2001) e Mãe Stella de Oxóssi (Santos, 2014), pelo menos. Lydia Cabrera, por exemplo, faz referência a uma cantiga que Ossaim teria entoado no momento da dispersão das folhas: "*Eé eggüero, eggüero, sáué éreo*". Anos depois Verger a repetiria. Não a inseri no corpo da versão que apresentei por não ter encontrado nenhuma tradução confiável dela. Verger acrescenta pequenos, porém significativos, detalhes à história, como quando nos informa que a cabaça com os segredos de Ossaim estava amarrada no galho de uma árvore de iroco. José Flávio Pessoa de Barros, por sua vez, lembra que no Brasil essa mesma história substitui Xangô por Oxóssi, certamente pela importância do Rei de Ketu na construção da identidade afrodiaspórica do candomblé. Prandi apresenta o enredo concedendo a Xangô o destaque de um rei governante, com autoridade suficiente para dar ordens aos outros deuses, fazendo parecer a negação de Ossaim mais um capricho que a defesa de um direito. Ao contrário disso, Mãe Stella já se refere a Ossaim como um orixá invejado por seus conhecimentos, o que justifica o arranjo criado por Xangô e Oyá.

Apesar das particularidades de cada uma dessas contradições, parece que todas apontam para o fato de haver ocorrido uma redistribuição de folhas para os orixás. Mas o segredo de sua magia continua em poder de Ossaim.

6 Ossaim e duas pontas de folha (ou Apêndices)

Certas coisas são muito curiosas mesmo. Veja o caso desta palavra: *apêndice*. Ela pode ser usada como sinônimo de desimportância, coisa pouca, banal, insignificante; já em outros contextos ela é enfeite, adorno, é pingente e mero acessório. Para nossos corpos mortais, é uma pequena estrutura pendente do intestino grosso, um penduricalho com jeito de dedo mindinho que parece não servir para nada – mas que serve sim para guardar bactérias úteis à digestão diária. Quando inflama, incha e faz dorido o ventre – ai, ai, ai! –, ganha a majestade que costuma não conhecer nos tempos em que tudo corre bem. Então rasgamos a carcaça, descemos a ripa, reviramos as tripas e o que já não presta se extirpa. Pois é.

Para os usos da muito amada arte de ler, escrever e fazer livros, apêndices também são adendos, acréscimos, suplementos, complementos de uma pesquisa. Constam gráficos, tabelas, cartas, poemas, retratos, documentos, mapas, horóscopos, fichas catalográficas, enfim, toda sorte de materiais que ajudam a entender melhor os argumentos de uma obra. Nesses casos de cuidadosa escrevinhatura, os apêndices atendem aos autores, zelosos ou obsessivos, que não querem deixar nada de fora.

Agora repare bem o leitor esmerado: acontece que apêndice também é o nome que a botânica dá às folhas. Ora, ora, veja só: as folhas! Elas mesmas, brotando dos caules, esticando das gemas, avançando pelas bainhas, pecíolos e limbos, até abrirem nervuras por sua palma. As folhas são apêndices vegetais! Por essa razão, acredito estar autorizado a concluir que são fundamentais, sendo o que são e estando onde estão, bem na ponta dos galhos das árvores ou no encerramento desta escrupulosa brochura, não podendo ser confundidas com o desimportante ou o acessório. O apêndice, feito folha, é o que se mostra mais visível e supostamente mais conhecido.

Neste livro, que pretende criar mecanismos de pensamento sobre Ossaim, a divindade iorubana das folhas, é preciso não deixar de levar isso em conta. Por essa razão singela, os apêndices que aparecerão agora, sendo adendo e folha, são suplementos de importância – como mandam as boas regras da bibliofilia e da fitologia – e, igualmente, aquilo que acaba ganhando maior evidência quando chega à superfície, chamando mais de nossa atenção.

Estes apêndices completam a carne e o cerne do que foi anotado até aqui.

OSSAIM E SUAS COMIDAS

São muitas as variações de comidas votivas e oferendas para Ossaim. Já havia dito isso. Seguem aqui apenas algumas poucas receitas para saciar a curiosidade daqueles que se interessam pelo assunto. Quero lembrar ao leitor, porém, que não deve se arriscar a fazer essas receitas sem a indicação de um sacerdote. Por favor! Como disse capítulos antes, "não é um manual para ofertórios, mas um repertório de oferendas".

1.

Ingredientes

1 kg de inhame; folhas frescas de fumo; azeite; sal; 1 alguidar grande.

Modo de preparo

A primeira coisa a fazer é descascar bem os inhames. Depois, é levá-los ao fogo, deixando cozinhar bem. Quando estiverem prontos, é preciso escorrer a água e amassá-los, até ser possível formar uma pasta espessa. Pegue o alguidar e forre-o com as folhas frescas de fumo. Ajeite o inhame amassado por sobre as folhas, regue com azeite e salpique um pouco de sal.

Pequenos acréscimos e variações

O inhame pode ser substituído por batata-doce.

2.

Ingredientes

1 kg de milho-branco; 1 coco seco; fumo de corda; mel; aguardente; 1 alguidar grande; 1 potinho de barro.

Modo de preparo

Cozinhe a canjica somente com água. Depois de cozida e bem molinha, coloque-a no alguidar. Espalhe o mel por cima e deixe escorrer bem entre os grãos. Desfie o fumo de rolo, espalhando-o por cima. Cubra com fatias bem finas de coco. Sirva com uma mistura de mel e aguardente em um potinho de barro.

Pequenos acréscimos e variações

Esse mesmo prato pode ser servido apenas com canjica e fumo de rolo desfiado. Outra possibilidade é forrar o alguidar com folhas frescas de fumo ou ainda folhas de café. A mistura de mel e aguardente pode ser servida em um potinho de barro (o *igbá*, ou coité), que se coloca no centro do alguidar. Também é possível servir essa mistura em uma quartinha de barro sem alças ao lado da comida.

3.

Ingredientes

3 abacates maduros; 500 g de amendoim cru; 250 g de açúcar; ½ copo de água; 7 folhas de louro; 1 pedaço de fumo de corda; 7 moedas; aguardente; mel; 1 alguidar grande; 1 quartinha de barro sem asas ou *igbá*.

Modo de preparo

Faça um preparado de amendoim, açúcar e água na panela. Mexa bem até o açúcar ficar colado ao amendoim. Abra os abacates ao meio e retire as sementes. Ajeite as metades no alguidar. Coloque o amendoim doce dentro dos abacates, nos vãos deixados pelas sementes. Desfie o fumo e salpique por cima. Coloque as sete moedas e as sete folhas de louro para decorar. Em um *igbá*, misture o mel e a aguardente e sirva ao lado do alguidar.

Pequenos acréscimos e variações

Esse prato também pode ser servido com folhas frescas de fumo forrando o alguidar. Ao amendoim doce pode ser acrescentado um pouco de chocolate em pó ou canela. Sendo assim, é melhor optar pela canela na variação. E o *igbá*, ou coité, pode ser substituído por uma quartinha de barro sem asas.

4.

Ingredientes

1 kg de batata-doce; 3 cebolas; 250 ml de azeite de dendê; 1 alguidar.

Modo de preparo

Descasque as batatas-doces e cozinhe bem. Quando já estiverem macias, amasse-as até que tenham a consistência de um purê. Enquanto cozinham as batatas, corte as cebolas em pedaços bem pequenos e faça um refogado com o azeite de dendê. Depois é só misturar o purê das batatas com o refogado e está pronto. Sirva em um alguidar.

Pequenos acréscimos e variações

O refogado pode ser acrescido de 300 g de camarão seco. Muitas vezes as cebolas, o camarão seco e o dendê são modernamente batidos em um liquidificador, para facilitar. A tradição, porém, exige que as cebolas sejam raladas, o camarão seco, socado, e só então o azeite de dendê é colocado na mistura para cozinhar.

5.

Ingredientes

500 g de milho-vermelho (milho de galinha ou milho duro); 500 g de feijão-fradinho; 300 ml de azeite de dendê; 1 cebola; 300 g de camarão seco; 1 inhame; 3 ovos cozidos; 1 coco; mel; 1 alguidar grande.

Modo de preparo

O milho e o feijão serão cozidos somente em água. É bom fazer isso em panelas separadas, porque cada um tem seu tempo para amaciar. Quando o feijão estiver pronto, deve ser refogado em uma mistura de camarão seco, cebola e dendê. Coloque o feijão na metade do alguidar. Na outra metade, coloque o milho devidamente preparado. Pegue o inhame, sem cozinhar e sem retirar as cascas, e corte em fatias. Corte os ovos cozidos em rodelas também. Enfeite o prato com os pedaços do inhame e dos ovos. Decore por cima com fatias finas de coco e complete com mel.

6.

Ingredientes

500 g de milho-vermelho (milho de galinha ou milho duro); 500 g de amendoim; mel; melado; aguardente; fumo de rolo; 1 alguidar; 1 *igbá*, ou coité.

Modo de preparo

Cozinhe o milho e o amendoim juntos, somente em água. Quando estiverem prontos, coloque-os no alguidar misturados. Regue com melado e pique o fumo de rolo por cima. No centro da oferenda, coloque o *igbá*, ou coité com mel e aguardente.

OSSAIM E SUAS OUTRAS HISTÓRIAS

Todos os 256 Odu Ifá têm alguma referência a Ossaim. São histórias em que ele é personagem principal ou secundário, são indicações sobre cerimônias, ou partes delas, em que sua presença é fundamental, e, claro, são as folhas e as medicinas preparadas com elas. A seleção que segue é só um pequeno apanhado do que se pode encontrar de mais importante sobre Ossaim. Espero que ajude os sacerdotes, pesquisadores e curiosos.

- Ejiogbe. "*Ewè Ikòkò*, a esposa de Orunmilá".
- Ogbe Weñe. "A cadeira preparada para *inshe* Ossaim"; "A vitória de Orunmilá contra os feiticeiros"; "O grande ossanista".
- Ogbe Di. "Ossaim e a mata de café"; "Ossaim era procurado por Obatalá para confirmar tudo o que dizia".
- Ogbe Bara. "Ossaim ofereceu um encontro de babalawos e de orixás" (essa história fala mais de Xangô que de Ossaim).

- Ogbe Sá. "Ossaim comeu *edun* (macaco)". Nesse Odu Ifá se explica como preparar a cazuela de Ossaim. Também se fala da "cabeça de Ossaim".
- Ogbe Tumako. "Ossaim, o carvão e as quatro folhas sagradas".
- Ogbe Tua. "O ossanista e a epidemia".
- Ogbe Ate. "Ossaim e Xangô vivem juntos".
- Ogbe She. "Ossaim vivia debaixo das folhas de *osibàtà*". Nesse Odu Ifá somos informados sobre o cargo de *Eunshe*, o verdadeiro escravo do Awo Oluwo Ossaim.
- Ogbe Fun. "Ossaim e as oito folhas mais poderosas criadas por Olofin".
- Oyekun Nilobe. "Ossaim transforma os bruxos em pássaros".
- Oyekun Biroso. "Ossaim e seu sacerdote"; "A desobediência de Adin".
- Oyekun Trupon. "Ossaim e a guerra das cazuelas".

- Oyekun Tesia. "Quando Aroni quis tomar o lugar de Orunmilá como padrinho do filho de Olokun".
- Iwori Meji. "Ossaim e seu grande segredo".
- Iwori Yekun. "Em boca fechada não entram moscas". Derivam dessa história duas afirmações acerca de Ossaim: "Não se ensinam os segredos de Ossaim às mulheres" e "A mulher sem menstruação pode ter uma guia de Ossaim".
- Iwori Obere. "Ossaim, o escravo de Orunmilá".
- Iwori Rote. Nesse Odu Ifá se explica a cerimônia de mastigar obi com quatro *atarés* e soprá-los nos quatro lados da cazuela, colocando dentro um pedaço do fruto. Também se indica a importância de passar os pés por sobre o *ikoko* Ossaim.
- Odi Meji. "Ossaim é recebido por Awo Ajoji".
- Erdibre. "Ossaim é vencido por Erdibre".
- Odi Roso. "Ossaim não tinha *ewè* e *osun*".

- Iroso Meji. Nesse Odu Ifá aprendemos a fazer a boveda de Ossaim.
- Iroso Di. Nesse Odu Ifá é mencionado pela primeira vez o colhedor de ervas.
- Iroso Tura. "Ossaim quis abusar de Oxum".
- Iroso Batrupon. "Ossaim tinha um filho que ganhou o dom da audição".
- Iroso She. "Xangô entrega a responsabilidade". Esse é um dos Odu Ifá em que se explica por que Ossaim tem imperfeições físicas.
- Ojuani Tanshela. "Ossaim concorre para destruir a bruxaria".
- Ojuani Bika. "Ossaim e o pacto com Sekue". Nesse Odu Ifá se compreende quando e por que Ossaim é enterrado.
- Ojuani Trupon. "Ossaim e o pacto com Orunmilá"; "O complexo de Oluwo Popo".
- Obara Yeku. "O jardim de Olofin".
- Obara Kete. "Ossaim enfermava os filhos de Orunmilá com estranhas doenças".

- Okana Roso. "Ossaim tinha suas frutas roubadas".
- Okana Bara. "Ossaim e Elegbara se juntam para trair Xangô".
- Okana Tura. "O doce e o amargo".
- Okana Rete. "Ossaim e o adivinho da mata". Nesse Odu Ifá, Aroni é o dono de todas as virtudes das folhas e é aquele quem avisa Ossaim de tudo o que acontece na mata.
- Ogunda Bede. "Ossaim e seu cajado de poder".
- Ogunda Iwori. "Ossaim castiga quem não pede permissão para entrar na mata".
- Ogunda Leni. "Ossaim e Ogum pediram perdão a Olokun".
- Ogunda Tetura. "Ossaim e seu pássaro preferido, *eye* Aroni". Nesse Odu Ifá, o beija-flor é apontado como o pássaro de Ossaim.
- Ogunda She. "O homem que queria ser sábio". Conta-se nessa história que um homem desejava ser rei de um povoado, acreditando

que, por possuir um assentamento de Ossaim, teria grande poder. Orunmilá o aconselhou em vão.

- Osalofobeyo. "A virtude do *aberinkunló*". Orunmilá salva uma cidade da má influência de Eguns através do uso das folhas de *aberinkunló*.
- Osa Yeku. "Ossaim come galo grifo"; "Ossaim e as folhas espalhadas por Oyá".
- Osa Roso. "Ossaim fez as pazes com Orunmilá". Essa é a história resumida que encontramos em Iroso She, porém sem a presença de Xangô.
- Osa Kana. "Awo Aberi Ewe". Nessa história não se apresenta Ossaim, mas o abandono de Awo Aberi Ewe dos trabalhos de Ifá e sua exclusiva confiança nas folhas e seus banhos. Aberi Ewe é salvo por Oduduwa e Oyá. "Ossaim dá a virtude das folhas". Não é a história em que Oyá espalha as folhas, muito embora cumpra aqui um papel importante.

- Osa Rete. Nesse Odu Ifá se conta que a terra recebeu as primeiras árvores que possuíam virtudes medicinais.
- Iká Sá. "Ossaim ajuda o pássaro falador". Ossaim só aparece para dar ao "pássaro falador" o pó que expulsa o pássaro intruso de sua casa. O pássaro intruso vai embora sem qualquer prejuízo ou malefício além, é claro, de ter perdido a morada.
- Ika Rete. "Ossaim dá banho em Olofin".
- Iká Fun. "Ossaim trabalha com uma pedra".
- Otrupon Balofun. "Ossaim é derrotado por Oluwo Popo".
- Otura Niko. "Ossaim é derrotado por Orunmilá". Uma pequena variação da história de Sacrifício e Remédio (*ebó* e *oògùn*).
- Otura Di. "Ossaim e Elegba fazem pacto e se tornam poderosos". Ossaim aqui é personagem secundário, pai de Abeyebe Awo.
- Otura Leni. "Ossaim fortalece a cabeça". Nessa história, se diz que falta força para

sustentar o corpo. Ossaim é personagem secundário. Obatalá é o personagem central. Mas são as folhas de Ossaim que fortalecem a cabeça, deixando as pernas sem cuidado e fracas.

- Otura Bara. "Ossaim e seu filho, Omotien". Ossaim liberta seu filho e o povo da terra Yerekun da escravidão e da doença. "Ossaim é fanhoso"; "Ibowere, a mãe de Ossaim".
- Otura She. "Ossaim vence Iku".
- Irete Untelu. "A história do nascimento de *ewè tete*". Ossaim não é personagem dessa história. Mas é essa que diz: "Não queriam que eu nascesse, eu nasci! Não queriam que eu vivesse aqui, e é aqui que eu vivo! Não queriam que eu prosperasse, e eu prosperei! Não queriam que eu tivesse dinheiro, e eu tenho dinheiro!".
- Irete Yero. "Ossaim e o começo de sua guerra contra Orunmilá".

- Irete Untedi. "Ossaim e a guerra contra Orunmilá". Variação da história dos filhos de Orunmilá e Ossaim, Sacrifício e Remédio (*ebó* e *oògùn*).
- Irete Lazo. Nesse Odu Ifá se explica por que os iniciados em Ossaim devem fazer marcas em seus corpos.
- Irete Wanwan. "O segredo de Orun Ossaim". Nesse Odu Ifá se explica por que Ossaim come ajapá. "A história do ventríloquo". Essa é a história em que Orunmilá é convidado para fazer parte de uma sociedade de ossanistas. Graças ao *ebó* com a pomba, ele espanta a todos e é levado à liderança da sociedade, porque falava sem abrir a boca.
- Irete Kutan. Esse Odu Ifá é usado para sacralizar as folhas que serão usadas nas cerimônias.
- Irete Suka. "Ossaim passou seu *aṣè* para Orunmilá". Esse Odu Ifá também é usado para sacralizar as folhas.

- Irete She. "Ossaim tem deformidades em seu corpo".
- Oshe Meji. Nesse Odu Ifá se explica a conduta de tirar das mãos dos *awos* os *ewè* e o sabão com que fizeram o lavatório dos *adèlè* Ifá na cazuela de Ossaim.
- Oshe Yeku. "Ossaim trai a confiança de Oluwo Popo"; "Ossaim e os ventos de Oyá". Nesse Odu Ifá se explica por que cada Orixá é acompanhado por pelo menos uma folha em sua chegada à Terra.
- Oshe Di. "Ossaim e Orunmilá e seus filhos, Remédio e Sacrifício". Essa história é citada por Verger, em dois livros diferentes. José Flávio, citando Verger, afirma que ela se encontra nesse Odu Ifá.
- Oshe Niwo. Esse é o Odu Ifá Isalaye Ossaim, ou seja, o Odu Ifá em que se explica em que condições Ossaim vem ao mundo. "Oshe Make Awo aprende o segredo das folhas".

- Oshe Ka. "A história de Erú Kayode da terra Akarakaniyé". Erú Kayode era escravo, filho de Oxum e profundo conhecedor dos segredos de Ossaim. Invejado por seu senhor, foi colocado em uma caixa no rio para morrer. Na outra margem, porém, se fez rei e uniu as terras de Iyejá Modó e Akarakaniyé.
- Ofun Meji. "Ossaim e o pacto com Airá e Aboku" – ou: o feiticeiro, o sacerdote de Orixá e o sacerdote de Egun.
- Ofun Yemilo. "Ossaim curou Ofun Yemiló". Ofun Yemiló se chamava Awo Obadire, que perde e recupera a virilidade graças a Ossaim.
- Ofun Di. "Ossaim, o preguiçoso". Ossaim sempre chegava atrasado às cerimônias de Orixá e de Ifá. Depois de passar vergonha, se torna pontual.
- Ofun Bara. Nesse Odu Ifá se explica o poder do *omieró*. Também se conta como ocorre a consagração de Ossaim para Inlé. O assentamento de Ossaim desse Ifá é

colocado em uma bolsa feita do couro de girafa.

- Ofun Sá. Nesse Odu Ifá se explica o poder que possuem as ervas medicinais e o axé de Ossaim.
- Ofun Ká. "Como Obatalá recuperou a saúde". Nessa história, Babaluaye ajuda Obatalá a ter saúde novamente graças a um *inshe* Ossaim feito por ele.

Para da mata sair (ou Conclusão)

Trago fogo no bolso e fumo na mão. Ele pode aparecer. Já fiz meu oferecimento. Entreguei as moedas. Pedi licença pra entrar. Agora peço pra sair. Ele apareceu. Você viu? Andou do meu lado todo o tempo. Fui pegando o que precisava. Deixei o que pude. Ele me acompanhou. Você também. Senti o arrepio quando era noite e fazia silêncio no mato. Ouvi o eco batendo. Era madeira molhada. Era folha soprada. Era ele. Era ele. Feiticeiro amado. Curador de doença do corpo. Benzedeiro da minha cabeça. Eu vi. Você viu também, não viu?

Não vou me despedir de Ossaim. Ele me deu muito. Preciso falar mais. Seu nome. Seu corpo. Suas coisas. Suas histórias. Não posso parar. Não vou embora. Ele continua ensinando. As folhas, as folhas, as folhas... O mundo pode ser melhor. As folhas e o que elas têm. A cura. O feitiço. A sabedoria também.

Não vou embora. O mato chama pra ensinar mais. O mundo tem que ser melhor. Será que aprendi alguma coisa? Você aprendeu? Preciso sair daqui e dizer para quem souber ouvir. Ossaim quer que a gente cuide do mato. Agora. Proteger Ossaim. Proteger a vida que ainda temos. O mato que vai nos salvar. Como sempre fez. Vai, vai, vai. Vai dizer que a gente tem o mato pra curar. Vai, vai, vai. Vai mostrar que Ossaim tá pronto pra ajudar. Vai, vai, vai. Vai contar que, se não for assim, muito vai se arrepender.

Ossaim sopra no meio das árvores e assovia. Ele tem poder de floresta. E a floresta precisa de nós. Eu preciso de Ossaim. Você também. Para ter ar nos pulmões, água no corpo, comida na boca. O mato que não sabe quem eu sou, porque não disse; que não me espera, porque não fui; que não conta comigo, porque não dou. Mas o mato me conhece. Eu sou sua criatura. Você também.

Tenho que ir. E eu só vou porque tem uma estrela pra aparecer. Sem fumaça. Sem fogo. Sem gás. A estrela de *Irawo*. Ossaim. Ele me espera na boca do mato. O bruxo tá rindo. Não consigo deixar de ir. Você vem?

Ossaim e suas outras folhas (ou Bibliografia)

ABIMBOLA, Wande. Ìwàpèlè: o conceito de bom caráter no corpo literário de Ifá. Tradução: Rodrigo Ifáyodé Sinoti. *In*: ABIMBOLA, Wande (ed.). *Yorùbá Oral Tradition*. Ile Ife: Department of African Languages and Literatures: University of Ife, 1975.

ABIMBOLA, Wande. A concepção Iorubá da personalidade humana. Tradução, notas e comentários: Luiz L. Marins. *Centre National de la Recherche Scientifique*, Paris, n. 544, p. 1-21, 1981.

ABIMBOLA, Wande. *Ifá*: an Exposition of Ifá Literary Corpus. New York: Athelia Herietta Press, 1997a.

ABIMBOLA, Wande. A bolsa da sabedoria: Oxum e as origens da adivinhação de Ifá. Tradução: Rodrigo Ifáyode Sinoti. *In*: MURPHY, Joseph; SANFORD, Mei Mei. *Òsun across the Waters*: a Yorubá Goddess in Africa and the Americas. Indiana: Indiana University Press, 1997b.

ABIMBOLA, Kola. *Yoruba culture*: a Philosophical Account. Birmingham: Ìrókò Academic Publishers, 2005.

ADÉWÁLÉ-SOMADHI, Fama Àìná. *Fama's èdè awo*: Òrìṣà Yorùbá Dictionary. San Bernardino: Ilé Òrúnmìlà Communications, 2001.

ADERONMU, Otunba Adekunle. *Ifá*: filosofia e ciência de vida. São Paulo: Edição do Autor, 2015.

ANGARICA, Nicolas Valentin. *Manual de Orihate*: religión lucumí. [*S. l.*: *s. n.*], 1955.

ARÓSTEGUI, Natalia Bolívar. *Los Orishas en Cuba*. Caracas: Editorial Panapo, 1995.

ASIWAJU, A. I. Daomé, país Iorubá, Borgu (Borgou) e Benim no século XIX. *In*: AJAYI, J. F. Ade (ed.). *História geral da África, VI*: África do século XIX à década de 1880. Brasília, DF: Unesco, 2010. p. 813-841.

ATHAYDE, Rogério. *Orunmilá*. Rio de Janeiro: Pallas, 2022.

ATHAYDE, Rogério. *Oxalá é quem sabe*: e outros contos afrodiaspóricos. Rio de Janeiro: Pallas, 2023.

AWO IFÁLADE (Alex Osáká). *Tratado de Ossaim*. [*S. l.*: *s. n.*], 2012.

AWOLALU, J. Omosade. *Yoruba Beliefs and Sacrificial Rites*. New York: Athelia Herietta Press, 2001.

AYOH'OMIDIRE, Félix. *Yorubanidade mundializada*: o reinado da oralitura em textos yorubá-nigerianos e afro-baianos contemporâneos. 2005. Tese (Doutorado em Letras e Linguística) – Universidade Federal da Bahia, Salvador, 2005.

BARCELLOS, Mario Cesar. *Os orixás e a personalidade humana*. Rio de Janeiro: Pallas, 2019.

BARROS, José Flávio Pessoa de. *O segredo das folhas*: sistema de classificação de vegetais no candomblé Jêje-Nagô do Brasil. Rio de Janeiro: Pallas, 1993.

BARROS, José Flávio Pessoa de. *A floresta sagrada de Ossaim*: o segredo das folhas. Rio de Janeiro: Pallas, 2011.

BARROS, José Flávio Pessoa de; NAPOLEÃO, Eduardo. *Ewé Òrìsà*: uso litúrgico e terapêutico dos vegetais nas casas de candomblé jêje-nagô. Rio de Janeiro: Bertrand Brasil, 2021.

BARROS, Marcelo. *O candomblé bem explicado*: nações Bantu, Iorubá e Fon. Rio de Janeiro: Pallas, 2009.

BASCOM, William. *Ifa Divination*: Communication between Gods and Men in West Africa. Bloomington: Indiana University Press, 1969.

BASCOM, William. *The Yoruba of Southwestern Nigeria*. Illinois: Waveland Press, 1984.

BASTIDE, Roger. Medicina e magia nos candomblés. *Boletim Bibliográfico*, São Paulo, n. 16, p. 7-34, 1950.

BASTIDE, Roger. O segredo das ervas. *Revista Anhembi*, São Paulo, v. 18, n. 53, abr. 1954.

BASTIDE, Roger. *O candomblé da Bahia*: rito nagô. São Paulo: Companhia Editora Nacional, 1961.

BATTESTINI, Simon. *African Writing and Text*. New York: Legas Publishing, 1999.

BEIER, Ulli. *Yoruba Myths*. Cambridge: Cambridge University Press, 1980.

BENISTE, José. *Mitos yorubás*: o outro lado do conhecimento. Rio de Janeiro: Bertrand Brasil, 2006.

BENISTE, José. *Dicionário yorubá-português*. Rio de Janeiro: Bertrand Brasil, 2014.

BOFF, Leonardo. *Igreja*: carisma e poder. São Paulo: Ática, 1994.

BOTELHO, Pedro Freire. O segredo das folhas e os rituais de cura na tradição afro-brasileira. *In*: ENCONTRO DE ESTUDOS MULTIDISCIPLINARES

EM CULTURA, 6., 2010, Salvador. *Anais* [...]. Salvador: Enecult, 2010. p. 1-12.

BUARQUE, Luisa. *As armas cômicas*: os interlocutores de Platão no Crátilo. Rio de Janeiro: Hexis, 2011.

CABRERA, Lydia. *Cuentos negros de Cuba*. Habana: La Verónica, 1940.

CABRERA, Lydia. *El monte*. 2. ed. Habana: Letras Cubanas, 1990.

CABRERA, Lydia. O dono de ewe (Oluwa-Ewe). *In*: MOURA, Carlos Eugênio Marcondes de (org.). *Leopardo dos olhos de fogo*. São Paulo: Ateliê Editorial, 1998. p. 17-32.

CACCIATORE, Olga Gudolle. *Dicionário de cultos afro-brasileiros*: com a indicação da origem das palavras. Rio de Janeiro: Forense-Universitária, 1988.

CAMPOS, J. J. P. *Guia do candomblé da Bahia*. Rio de Janeiro: Gráfica Editora Itambé, [19--].

CARNEIRO, Édison. *Candomblés da Bahia*. Rio de Janeiro: Civilização Brasileira, 1978.

CARYBÉ; AMADO, Jorge. *As sete portas da Bahia*. São Paulo: Livraria Martins Editora, 1962.

CASCUDO, Câmara. *Dicionário do folclore brasileiro*. Belo Horizonte: Itatiaia; São Paulo: Edusp, 1988.

CASSIN, Barbara. *Elogio da tradução*: complicar o universal. Tradução: Daniel Falkembach e Simone Petry. São Paulo: Martins Fontes, 2022.

CASTRO, Guilhermo. *Tratado de Ifá*. [*S. l.*: *s. n.*], [19--].

CONDURU, Roberto. *Arte afro-brasileira*. Belo Horizonte: C/Arte, 2007.

COULOUBARITSIS, Lambros. *La pensée de Parménide*. Paris: Éditions Ousia, 2008.

CUNHA JR., Henrique. O etíope: uma escrita africana. *Revista Educação Gráfica*, Bauru, v. 11, n. 2, p. 1-10, 2007.

CUNHA JR., Henrique. Ntu. *Revista Espaço Acadêmico*, Maringá, v. 9, n. 108, p. 81-92, maio 2010.

CUNHA JR., Henrique. Afroetnomatemática: da filosofia africana ao ensino de matemática pela arte. *Revista da ABPN*, Curitiba, v. 9, n. 22, p. 107-122, mar./jun. 2017.

DAYRELL, Elphinstone. Some "Nsibidi" signs. *Man*, v. 10, n. 67, p. 113-114, 1910.

DAYRELL, Elphinstone. Further Notes on 'Nsibidi Signs with Their Meanings from the Ikom District, Southern Nigeria. *The Journal of the Royal Anthropological Institute of Great Britain and Ireland*, Londres, v. 41, p. 521-540, jul./dez. 1911.

DELUMEAU, Jean. *História do medo no Ocidente*. São Paulo: Companhia das Letras, 1989.

DEL PRIORE, Mary. *Esquecidos por Deus*. São Paulo: Companhia das Letras, 2000.

ELIADE, Mircea. *Mito e realidade*. São Paulo: Perspectiva, 2002.

ELIADE, Mircea. *O sagrado e o profano*. São Paulo: Martins Fontes, 2008.

EL AKONI. *La voz de Orunla*: el cordon del Orile. New York: Studium Corp, 1975.

EPEGA, Afolabi A. *The Sacred Ifa Oracle*. New York: Athelia Herietta Press, 1999.

EPEGA, David Onadele. *The Mistery of Yoruba Gods*. Remo, Nigeria: Imole Oluwa Institute, Ode, 1931.

EVANS-PRITCHARD, E. E. *Bruxaria, oráculos e magia entre os Azande*. Rio de Janeiro: Zahar, 2005.

FATUNMBI, Awo Falokun. *Oríkí Orúnmìlà*: Alabando el espíritu del destino. [*S. l.*: *s. n.*], [19--].

FERNANDES, Gonçalves. *O sincretismo religioso no Brasil*. São Paulo: Guaíra, 1941.

FERRETTI, Sérgio Figueiredo. *Repensando o sincretismo*. São Paulo: Edusp, 1995.

FILÍPPOVNA, Verônica. O idioma alheio será minha pele. *Anais de Filosofia Clássica*, Rio de Janeiro, v. 12, n. 23, p. 118-126, 2018.

FONSECA JR., Eduardo. *Dicionário antológico da cultura afro-brasileira*: português-yorubá-nagô-angola-gêge: incluindo as ervas dos orixás, doenças, usos, fitoterapia e fitologia das ervas. São Paulo: Maltese, 1995.

FRISVOLD, Nicholaj de Mattos. *Ifá*: uma floresta de mistérios. São Paulo: Arole Cultural, 2022.

GASPARI, Elio. *A ditadura envergonhada*. São Paulo: Companhia das Letras, 2002.

GONZALES, Oscar. *Tratado de Ozayn*. [*S. l.*: s. *n*.], [19--].

GUIMARÃES, Ariadne; PRÔA, Ana Lúcia. *O livro dos santos*. Rio de Janeiro: Ediouro, 2000.

HOLANDA, Aurélio Buarque. *Dicionário da língua portuguesa*. Rio de Janeiro: Nova Fronteira, 1986.

IBIE, Cromwell Osamaro. *Ifism*: The Complete Works of Órúnmilà. New York: Athelia Henrietta Press, 2005. v. 1-13.

IFÁKOYA, Awo. *Dafa*: um poderoso sistema para ouvir a voz do Criador (transcrito segundo os ensinamentos recebidos do Balogun Awolalu Onisegun Ifase de Ode Remo – Nigéria). [*S. l.*: s. *n*.], [19--].

IROSUN SÁ, A. A. A. M. *Ifá en tus manos*: los 256 Odu de Ifá. New Jersey: Folkcuba.com, [19--].

JAGUN, Márcio de. *Ewé*: a chave do portal. Rio de Janeiro: Litteris, 2019.

JOHNSON, Samuel. *The History of the Yorubas*. Lagos: Bookshops, 1960.

KARENGA, Maulana. *Odù Ifá*: the Ethical Teachings. Los Angeles: University of Sankore Press, 1999.

LÉVI-STRAUSS, Claude. *Antropologia estrutural 2*. Rio de Janeiro: Tempo Brasileiro, 1989.

LIGIÉRO, Zeca. *Iniciação ao candomblé*. Rio de Janeiro: Pallas, 2023.

LOBATO, Monteiro. *O Sacy-Perêrê*: resultado de um inquérito. Edição fac-similar. Rio de Janeiro: Gráfica JB S.A., 1998.

LODY, Raul. *O povo do santo*. Rio de Janeiro: Pallas, 1995.

LODY, Raul. *Joias de axé*: fios de contas e outros adornos de corpo. Rio de Janeiro: Bertrand Brasil, 2001.

LOPES, Nei. *Kitábu*: o livro do saber e do espírito negro-africanos. Rio de Janeiro: Senac, 2005.

LUCAS, J. Olumide. *The Religion of the Yorubas*. New York: Athelia Henrietta Press, 2001.

MAGALHÃES, Elyette Guimarães de. *Orixás da Bahia*. Salvador: Bahia Artes Gráficas, 1977.

MAUPOIL, Bernard. *A adivinhação na antiga costa dos escravos*. São Paulo: Edusp, 2017.

MEIHY, Murilo; FREITAS, Eduardo. *O jardim de Ossain no reino de Orunmilá*: introdução à tradição de Ifá e catálogo botânico afro-cubano. São Paulo: Arole Cultural, 2021.

MICHAELIS: dicionário de língua portuguesa. São Paulo: Melhoramentos, 1992.

MORAES, Vinicius de; POWELL, Baden. *Os afro-sambas*. Direção e regência: Guerra Peixe. Participação: Quarteto em Cy. Rio de Janeiro: Gravadora Forma, 1966.

NASCIMENTO, Elisa Larkin; GÁ, Luis Carlos (org.). *Adinkra*: a sabedoria em símbolos africanos. Rio de Janeiro: Cobogó, 2022.

NIETZSCHE, Friedrich. *Escritos sobre retórica*. Edição e tradução: Luis Enrique de Santiago Guervós. Madrid: Trotta, 2000.

ORTIZ, Fernando. *Los negros brujos*. 2. ed. Madrid: Editorial América, 1917.

OTTO, Walter Friedrich. *Teofania*. São Paulo: Odysseus, 2006.

PLATÃO. *Teeteto e Crátilo*. Belém: Universidade Federal do Pará, 1988.

PÓPÓOLÁ, S. Solágbadé. *Practical Ifa Divination*: Ifa Reference Manual for the Beginner and Professional. New York: Athelia Herietta Press, 1997.

PRANDI, Reginaldo. *Mitologia dos orixás*. São Paulo: Companhia das Letras, 2001.

QUERINO, Manuel. *Costumes africanos no Brasil*. São Paulo: Civilização Brasileira, 1938.

RAIMUNDO, Jacques. *O negro brasileiro e outros escritos*. São Paulo: Record, 1936.

RAMOS, Arthur. *A aculturação negra no Brasil*. São Paulo: Companhia Editora Nacional, 1942. (Brasiliana, 224).

RAMOS, Arthur. *As culturas negras no Novo Mundo*: o negro brasileiro III. São Paulo: Companhia Editora Nacional, 1946. (Brasiliana, 249).

RIBEIRO, José. *O ritual africano e seus mistérios*. Rio de Janeiro; Guanabara: Editora Espiritualista, 1969.

ROCHA, Agenor Miranda. *Caminhos de Odu*. Rio de Janeiro: Pallas, 2001.

RODRIGUES, Raymundo Nina. *O animismo fetichista dos negros baianos*. Apresentação e notas: Yvonne Maggie e Peter Fry. Rio de Janeiro: Fundação Biblioteca Nacional: Editora UFRJ, 2006.

RODRIGUES, Raymundo Nina. *Os africanos no Brasil*. Rio de Janeiro: Centro Edelstein de Pesquisas Sociais, 2010.

RUFINO, Luiz. *Ossain*. São Paulo: Arole Cultural, 2023.

RUFINO, Joel. *Ossanha*. São Paulo: Global Editora, 2006.

SALAMI, Sikiru. (Babá King). *Poemas de Ifá e valores de conduta social entre os Yorubá da Nigéria (África do Oeste)*. Tese (Doutorado em Sociologia) – Universidade de São Paulo, 1999.

SALUM, Marta Heloísa Leuba; SILVA, Wagner Souza e. Por que das hastes de Ossaim brotam pássaros – até flechas brotam! – mas não folhas???!!! *Revista do Museu de Arqueologia e Etnologia*, São Paulo, n. 15-16, p. 291-320, 2006.

SANGIRARDI JR. *Deuses da África e do Brasil*: candomblé e umbanda. Rio de Janeiro: Civilização Brasileira, 1988.

SANTORO, Fernando. *Poema de Parmênides da natureza*. Rio de Janeiro: Azougue Editorial, 2009.

SANTORO, Fernando; BUARQUE, Luísa (org.). *Dicionário dos intraduzíveis*: um vocabulário das filosofias: volume um: línguas. Belo Horizonte: Autêntica, 2018.

SANTOS, Juana Elbein dos. *Os nagô e a morte*: Pàde, Àsèsè e o culto Égun na Bahia. Petrópolis: Vozes, 1986.

SANTOS, Maria Stella de Azevedo. *O que as folhas cantam (para quem canta folha)*. Brasília, DF: INCTI, 2014.

SILVA, Alberto da Costa e. *A enxada e a lança*. Rio de Janeiro: Nova Fronteira, 2011.

SILVA, Vagner Gonçalves da. *Orixás da metrópole*. Petrópolis: Vozes, 1995.

SILVA, Vagner Gonçalves da. *Exu*: um deus afro-atlântico no Brasil. São Paulo: Edusp, 2022.

SIMPSON, George E. *Yoruba Religion and Medicine in Ibadan*. Ibadan: Ibadan University Press, 1980.

SINOTI, Rodrigo (compil.). *Tratado Disse Ifá*: paatakies dos Odu Meji. [*S. l.*: *s. n.*], 2003.

SOUZA, Laura de Mello e. *O diabo na terra de Santa Cruz*. São Paulo: Companhia das Letras, 1986.

THOMAS, Keith. *O homem e o mundo natural*. São Paulo: Companhia das Letras, 1988.

THOMAS, Keith. *Religião e o declínio da magia*: crenças populares na Inglaterra, séculos XVI e XVII. São Paulo: Companhia das Letras, 1991.

TOMÁZ, Alzení de Freitas. *Òsànyìn*: os segredos e mistérios das folhas sagradas. Paulo Afonso: Sabeh, 2019.

THOMPSON, Robert Farris. Icons of the Mind: Yoruba Herbalism Arts in Atlantic Perspective. *African Arts*, Spring, v. 8, n. 3, p. 52-59, 1975.

TRATADO DE IFÁ. [*S. l.*: *s. n.*], 2002.

TRATADO DE IFÁ (Disse Ifá: Patakies dos Odu Meji). [*S. l.*: *s. n.*], [19--].

TRATADO DE ORIKI ÒRÌṢÀ. [*S. l.*: *s. n.*], 2005.

VALENTE, Waldemar. *Sincretismo religioso afro-brasileiro*. São Paulo: Editora Nacional, 1977. (Brasiliana, 280).

VERGER, Pierre Fatumbi. *Awọn Ewe Ọsanyin*: Yoruba Medicinal Leaves. Ifẹ̀: Institute of African Studies – University of Ife, 1967.

VERGER, Pierre Fatumbi. *Esplendor e decadência do culto de Ìyàmi Òsòròngà "minha mãe a feiticeira" entre os Iorubas*. São Paulo: Corrupio, 1992.

VERGER, Pierre Fatumbi. *Ewé*: o uso das plantas na sociedade Iorubá. São Paulo: Companhia das Letras, 1995.

VERGER, Pierre Fatumbi. *Lendas africanas dos orixás*. Tradução: Maria Aparecida da Nóbrega. 4. ed. Salvador: Corrupio, 1997.

VERGER, Pierre Fatumbi. *Notas sobre o culto aos orixás e voduns na Bahia de Todos os Santos, no Brasil, e na antiga Costa dos Escravos, na África*. Tradução: Carlos Eugênio Marcondes de Moura. 2. ed. São Paulo: Edusp, 2000.

VERGER, Pierre Fatumbi. *Orixás*: deuses Iorubás na África e no Novo Mundo. Salvador: Corrupio, 2002.

VIEIRA, Gina Rocha Reis. As joias e o sagrado: um elo com o tempo "encantado". *In*: ENCONTRO DE ESTUDOS MULTIDISCIPLINARES EM CULTURA, 15., 2019, Salvador. *Anais* [...]. Salvador: Enecult, 2019. p. 1-15.

VOGEL, Arno; MELLO, Marco Antônio da Silva; BARROS, José Flávio Pessoa de. *A galinha d'Angola*: iniciação e identidade na cultura afro-brasileira. Rio de Janeiro: Pallas, 1993.

Sobre o autor

Rogério Athayde é formado em História pela UFRJ. Tem mestrado em Literaturas Africanas de Língua Portuguesa e doutorado em Filosofia, ambos pela UFRJ. Atualmente é pesquisador do Núcleo de Inteligências e Filosofias Ancestrais (Nifan), ligado à pós-graduação em Filosofia da UFRJ.

É autor de diversos livros, com destaque para *Exu e o mentiroso* (2012), *O filho querido de Olokun* (2019), *Orunmilá* (2022) e *Oxalá é quem sabe* (2023), todos publicados pela Pallas Editora, além de peças de teatro, ensaios acadêmicos e outros títulos ainda inéditos.

Mas o que é mais importante: Athayde é filho orgulhoso de Ajagunã, protegido de Exu, babalawo há mais de 20 anos e estudioso obsessivo dos assuntos relativos às religiões de Orixá.

Este livro foi escrito entre fevereiro e julho do ano de 2024. A pesquisa bibliográfica que exigiu, porém, teve demora de uns bons quatro anos. E, é claro, ponho nessa conta as duas últimas décadas que passei ajoelhado diante do *ikoko* Ossaim, cantando e quinando as folhas pra fazer *omieró*.

Enquanto escrevia, escutava obsessivamente várias gravações do afrossamba feiticeiro "Canto de Ossanha". Ouvia principalmente a original, de 1966, com Vinicius e Baden e o Quarteto em Cy; a interpretação emocionante de Elis em 1966 (*Dois na bossa número 2*) e a deliciosa versão do Casuarina ao vivo, de 2023, acho.

Obrigado pela companhia e pelo apoio.